Linhas Mestras da Execução para Prestação de Facto

Linhas Mestras da Execução para Prestação de Facto

Nota Liminar do Juiz Conselheiro Pires da Rosa
Prefácio da Juíza Desembargadora Isabel Matos Namora

2019 · Reimpressão

Teresa Madail
Juíza de Direito

Mónica Bastos Dias
Juíza de Direito

ALMEDINA

LINHAS MESTRAS DA EXECUÇÃO PARA PRESTAÇÃO DE FACTO

AUTORAS
Teresa Madail
Mónica Bastos Dias

EDITOR
EDIÇÕES ALMEDINA, S.A.
Rua Fernandes Tomás, n°s 76-80
3000-167 Coimbra
Tel.: 239 851 904 · Fax: 239 851 901
www.almedina.net · editora@almedina.net

DESIGN DE CAPA
FBA.

PRÉ-IMPRESSÃO
EDIÇÕES ALMEDINA, S.A.

IMPRESSÃO E ACABAMENTO
ARTIPOL - www.artipol.net
Maio, 2019

DEPÓSITO LEGAL
451080/19

ALMEDINA | GRUPOALMEDINA

BIBLIOTECA NACIONAL DE PORTUGAL – CATALOGAÇÃO NA PUBLICAÇÃO
MADAIL, Teresa, e outro
LINHAS MESTRAS DA EXECUÇÃO PARA PRESTAÇÃO DE FACTO – (Casa do juiz)
ISBN 978-972-40-7763-5
I – DIAS, Mónica Bastos
CDU 347

NOTA LIMINAR DO SR. JUIZ CONSELHEIRO PIRES DA ROSA

Desde há muito – ou desde sempre! – tenho instintivamente como certo aquilo que afinal a Constituição da República me impõe no seu art. 202.º – quando administro a justiça é ***em nome do povo*** *que a administro, quando administro justiça é para o povo que a administro, é o povo o destinatário das minhas decisões.*

Neste sentido, a decisão não é minha, a decisão é do povo a quem se destina. E isto sempre exigiu de mim mesmo uma cuidada clareza em todos os despachos e sentenças, para que os destinatários respectivos sempre pudessem entender o sentido exacto deles e para que outros soubessem o que os esperava se acaso, em algum momento, tivessem necessidade de ver apreciadas em tribunal as suas condutas ou o que julgassem ser os seus direitos.

Nem sempre certamente o terei conseguido, mas sempre exigi a mim próprio o empenhamento necessário a esse desiderato. Mesmo tendo em conta que, cuidadosamente, a Constituição está atenta à essencialidade do *patrocínio forense e garante – art. 208.º – que* ***a lei assegura aos advogados as imunidades necessárias ao exercício do mandato****.*

Por cima da leitura do advogado, ainda e sempre há-de estar a leitura do simples cidadão que precisa de saber, ainda que *traduzido pelos olhos qualificados de quem o patrocina, qual o exacto comando incorporado na sentença (ou no despacho) que aprecia o seu direito ou o que julga ser o seu direito.*

Ser claro, penso, é – e é isto que agora pretendo acentuar – conseguir que o cidadão que se aproximou do tribunal saiba exactamente o sentido da decisão com que ***justicei*** *a sua causa (ainda que discorde da justiça feita) e que os outros cidadãos, igualmente destinatários da justiça, possam antecipadamente saber o que os espera quando se dirigem aos tribunais.*

E é por isso que é extremamente gratificante para mim estar aqui, por esta forma, a chamar a atenção da obra dada à estampa pelas minhas jovens colegas Teresa Madail e Mónica Bastos Dias.

Juízas ambas, jovens Juízas, em Juízos de Execução, puseram o seu empenho e os seus conhecimentos em confronto criativo de uma com a outra e, abdicando da sua zona de conforto, confrontaram-se consigo próprias e com a doutrina e jurisprudência sobre a específica questão da ***execução para a prestação de facto*** *para darem à luz as linhas mestras de um tema pouco estudado, mas com que se defrontam muitas vezes. E que sabem ser uma preocupação hodierna quer de magistrados, quer de advogados, quer de agentes de execução. E em última análise das partes, dos destinatários da justiça, dos cidadãos que se apresentam nos tribunais para* ***assegurar a defesa dos direitos e interesses legalmente protegidos****.*

Hoje, com a minuciosa obra que apresento, nascida do cuidado e atenção de quem, com simplicidade criativa mas com todo o conhecimento e rigor, decidiu expor-se e, nessa exposição, ajudar a construir a justiça, podem os directamente interessados, os advogados e solicitadores, os agentes de execução, saber com o que contam quando abordam o tribunal e quais os caminhos que devem percorrer para tornar mais acertado o caminho da justiça.

Saberão assim, todos, que naturalmente são todos iguais perante a lei, que a lei é também igual para todos, porque têm a partir de agora ao seu dispor uma obra rigorosa que chega à minúcia – ou não fossem mulheres as suas autoras! – da esquematização gráfica do trajecto da ***execução para prestação de facto e seus incidentes****.*

Obrigado, Teresa Madail. Obrigado, Mónica Bastos Dias.

JOÃO PIRES DA ROSA
Juiz Conselheiro (Jubilado)

PREFÁCIO

Em todo o processo executivo o exequente, recorrendo ao *ius imperii* do tribunal, impulsiona a realização coativa da prestação que não foi voluntariamente cumprida pelo devedor, socorrendo-se dos meios coercivos contra o património do devedor.

Sendo a finalidade última do processo executivo a realização coativa da prestação não cumprida, no âmbito da execução para prestação de facto tal finalidade corresponde à realização da prestação de um facto positivo ou negativo.

O êxito do processo executivo depende, não só da concretização da assinalada finalidade, mas também do tempo necessário para que assim suceda.

No processo executivo para a prestação de facto, à semelhança do que se verifica nos demais, prevalecem os interesses do exequente, mas sempre harmonizáveis com os interesses atendíveis de credores, do executado, bem como de terceiros que tenham visto o seu património atingido por atos de apreensão.

Mas, a célere condução do processo e decisão das questões jurisdicionais que ao longo do mesmo são colocadas ao juiz depende, em grande medida, da eficácia imprimida à tramitação processual, dependendo esta de um amplo domínio da respetiva tramitação processual.

Ora, a profunda análise que esta obra disponibiliza clarifica os diferentes papéis dos intervenientes na ação executiva, concretamente do juiz, do advogado, do agente de execução e do oficial de justiça, colmatando o deficit de formação que se faz sentir no processo executivo para prestação de facto.

E estou segura que a menor expressão numérica destes processos executivos face aos demais, concretamente à execução para pagamento de quantia certa, não justifica menor investimento na formação dos agentes judiciais.

Antes pelo contrário. A necessidade de dar maior efetividade e celeridade ao processo de execução está presente também na execução para prestação de facto, tanto mais que a sua menor expressão numérica não corresponde a uma menor importância dos interesses em discussão, nem a um menor grau de dificuldade das questões que são suscitadas.

À semelhança do que se verifica no processo executivo para pagamento de quantia certa, a cabal perceção do papel de cada interveniente irá imprimir uma maior celeridade na tramitação, obviando à prática de atos inúteis e equívocos que prolongam o tempo de decisão, constituindo por isso mesmo um fator gerador de maior eficácia, com reflexos muito significativos na taxa de recuperação ou satisfação do crédito do exequente.

Não podemos deixar de mencionar que o bom desempenho de cada um dos Juízos de Execução constitui um relevante indicador na vida económica, com especial importância nas opções de investimento no país e especificamente em cada uma das regiões.

Daí a importância de uma análise sobre os aspectos processuais e substantivos inerentes à execução para prestação de facto, tratamento que foi desenvolvido com o rigor dogmático e a adequada metodologia na abordagem das questões identificadas.

É um trabalho essencialmente prático, desenvolvido a partir da experiência e das soluções jurisprudenciais, mas que indica os textos doutrinais, antigos e atuais, considerados mais relevantes, que culmina com uma breve formulário referente à esquematização da execução para prestação de facto e dos seus incidentes.

Saúda-se por isso este trabalho das distintas colegas Teresa Madail e Mónica Bastos Dias, juízas no Juízo de Execução de Águeda e de Coimbra, que associa o rigor técnico à experiência acumulada no exercício de funções. Ao generosamente partilharem o estudo e as reflexões a que este trabalho vem dar forma prestam um serviço de relevo às magistraturas e à comunidade jurídica em geral, mas principalmente ao cidadão.

Sinto-me por isso honrada, como magistrada e cidadã, ao prefaciar esta publicação de tão distintas colegas, a que dedico admiração e estima.

Coimbra, 7 de Janeiro de 2019

ISABEL MATOS NAMORA

Capítulo I
Introdução

1.1. Da Execução Para Prestação de Facto

A execução para prestação de facto tem como finalidade a efetivação ou realização das obrigações que, em conformidade com o título executivo, tenham por objeto uma prestação de facto, quer positivo (prestação "*de facere*"), quer negativo (prestação "*de non facere*"), ainda que de facto infungível se trate – vide os artigos 828.º e 829.º do Código Civil e os artigos 10.º, n.º 6, 868.º e 876.º do Código de Processo Civil.

Do exposto, decorre que o nosso ordenamento jurídico admite as seguintes modalidades de execução para prestação de facto:

- execução para **prestação de facto positivo fungível** com o prazo para a sua realização fixado no título;
- execução para **prestação de facto positivo fungível** sem o prazo para a sua realização fixado no título;
- execução para **prestação de facto positivo infungível** com o prazo para a sua realização da prestação fixado no título;
- execução para a **prestação de facto positivo infungível** sem o prazo para a sua realização da prestação fixado no título;
- execução para **prestação de facto negativo fungível**;
- execução para **prestação de facto negativo infungível**.

1.2. Espécies de Títulos Executivos

Antes de entrarmos na análise da tramitação da ação executiva para prestação de facto propriamente dita, cumpre fazer uma breve referência às espécies de título executivo que a podem sustentar.

À semelhança do que sucede na execução para pagamento de quantia certa, por força das disposições conjugadas dos artigos 551.º, n.º 2, e 703.º, n.º 1, 705.º e 706.º, todos do Código de Processo Civil, são títulos executivos, entre outros:

- as sentenças condenatórias, incluindo, nomeadamente, as decisões arbitrais e as sentenças exaradas em país estrangeiro;
- os documentos exarados ou autenticados por notário ou por outras entidades ou profissionais com competência para tal.

1.3. Forma do Processo e Tramitação Geral

A execução para prestação de facto, de acordo com o artigo 550.º, n.º 4, do Código de Processo Civil, segue forma única do processo comum prevista nos artigos 868.º e seguintes, do mesmo diploma legal.

Tal tramitação implica sempre a sujeição do processo a despacho liminar do juiz (v. artigo 868.º, n.º 2, do Código de Processo Civil), com exceção da execução com base em sentença condenatória como previsto no artigo 626.º, n.ºs 4 e 5, do Código de Processo Civil.

Isto é, a regra geral na fase inicial destas execuções é a submissão do requerimento executivo a despacho liminar.

Antes de o processo ser concluso ao juiz, a secretaria deverá proceder ao controlo liminar de acordo com o disposto no artigo 725.º, do Código de Processo Civil.

Nos processos executivos para prestação de facto com base em sentença condenatória é admissível a cumulação (inicial ou sucessiva) com a execução para pagamento de quantia certa e para entrega de coisa.

No entanto, em todas as outras execuções para prestação de facto, com base em outros títulos (que não seja sentença), não é possível cumular outras execuções (inicial ou sucessivamente) com fins diferentes, ou seja, com a execução para pagamento de quantia certa e/ou com a execução para entrega de coisa certa, mercê da norma do artigo 709.º, n.º 1, al. b), do Código de Processo Civil.

1.4. O caso específico da sentença condenatória

A grande maioria das execuções para prestação de facto apresenta como título executivo uma sentença condenatória.

No que toca às execuções que se fundam nesse particular título, há que articular o que prevê o regime da execução para prestação de facto estabelecido nos artigos 868.º a 877.º, do Código de Processo Civil, com o que prescreve o artigo 626.º, do citado diploma legal.

Esta última norma, sob a epígrafe "**Execução da decisão judicial condenatória**", prescreve:

> "*1 – A execução da decisão judicial condenatória inicia-se mediante requerimento, ao qual se aplica, com as necessárias adaptações, o disposto nos artigos 724.º e seguintes, salvo nos casos de decisão judicial condenatória proferida no âmbito do procedimento especial de despejo.*
>
> *2 – Sem prejuízo do disposto no n.º 3 do artigo 550.º, a execução da decisão condenatória no pagamento de quantia certa segue a tramitação prevista para a forma sumária, havendo lugar à notificação do executado após a realização da penhora.*
>
> *3 – Na execução de decisão judicial que condene na entrega de coisa certa, feita a entrega, o executado é notificado para deduzir oposição, seguindo-se, com as necessárias adaptações, o disposto nos artigos 860.º e seguintes.*
>
> *4 – Se o credor, conjuntamente com o pagamento de quantia certa ou com a entrega de uma coisa, pretender a prestação de um facto, a citação prevista no n.º 2 do artigo 868.º é realizada em conjunto com a notificação do executado para deduzir oposição ao pagamento ou à entrega.*
>
> *5 – Se a execução tiver por finalidade o pagamento de quantia certa e a entrega de coisa certa ou a prestação de facto, podem ser logo penhorados bens suficientes para cobrir a quantia decorrente da eventual conversão destas execuções, bem como a destinada à indemnização do exequente e ao montante devido a título de sanção pecuniária compulsória.*".

Uma das novidades introduzidas pelo Novo Código de Processo Civil é a possibilidade de o exequente inicialmente cumular os pedidos de prestação de facto com a entrega de coisa certa e de pagamento de quantia certa, desde que todos eles integrem a parte decisória da sentença dada à execução (cfr. artigo 710.º, do Código de Processo Civil).

E a concretização desta cumulação inicial de execuções encontra-se regulada no já referido artigo 626.º, antes citado.

Assim, quando o título executivo é uma sentença judicial condenatória, podemos deparar-nos com as seguintes situações:

a) *o exequente pretende unicamente a prestação do facto*

Nesta situação, caso se trate de prestação de facto positivo, há sempre lugar a despacho liminar do juiz no sentido de se proceder à citação/notificação[1] do executado. O agente de execução concretiza-a nos termos e para os efeitos do disposto no artigo 868.º, n.º 2, do Código de Processo Civil.

No caso de prestação de facto negativo, o processo executivo também é remetido pelo agente de execução para o Tribunal (comunicação do agente de execução recebida na pasta eletrónica do artigo 551.º, n.º 5, do Código de Processo Civil – do CITIUS), com a finalidade de o juiz proferir despacho liminar (cfr. artigo 876.º, do Código de Processo Civil).

b) *o exequente pretende a execução para pagamento de quantia certa e para prestação de facto ou pretende a execução para pagamento de quantia certa, entrega de coisa certa e prestação de facto*

Aqui, o agente de execução começa por proceder à penhora dos bens do executado, necessários e suficientes para o pagamento da quantia certa e da importância decorrente da eventual conversão da execução para

[1] Denominamos de citação/notificação, porquanto, não obstante o Código de Processo Civil, no seu artigo 626.º, referir notificação do executado, a mesma segue as formalidades da citação por se tratar de um novo processo.

prestação de facto, bem como do montante destinado a indemnização do exequente e à verba devida a título de sanção pecuniária compulsória.

No requerimento executivo, o exequente deve indicar especificadamente todos os seus pedidos, de modo a que o agente de execução possa proceder à penhora dos bens suficientes para garantir o montante resultante da conversão da execução, assim como para garantir o valor destinado à indemnização e à sanção pecuniária compulsória.

Só após a sua concretização (da penhora), o executado é citado/notificado nos termos e para os efeitos do disposto nos artigos 856.º, 859.º e 868.º, todos do Código de Processo Civil.

No caso de a prestação ser de facto negativo, após a concretização da penhora, o agente de execução remete os autos de execução para o Tribunal, à semelhança da situação anterior.

c) *o exequente pretende a execução para entrega de coisa certa e para prestação de facto*

O agente de execução procede à entrega da coisa, citando/notificando de seguida o executado para se opor à execução nos termos do disposto nos artigos 856.º e 868.º, do Código de Processo Civil.

Se a execução para prestação de facto tiver como objeto um facto negativo, o agente de execução procede da mesma forma já antes descrita.

As situações referidas nas alíneas b) e c) são consideradas exceções ou desvios à tramitação habitual da execução para prestação de facto resultante da possibilidade de o exequente proceder à cumulação inicial de pedidos, quando o título executivo é uma sentença[2].

Ou seja, nessas situações não há despacho liminar, ocorrendo a citação/notificação do executado após a penhora e/ou a entrega de coisa certa.

[2] V. Lebre de Freitas e Isabel Alexandre, in "*Código de Processo Civil Anotado*", Volume 2.º, artigos 362.º a 626.º, 3.ª edição, Almedina, pág. 768.

Capítulo II
Da execução para prestação de facto positivo

Artigo 868.º
Citação do executado

1 – Se alguém estiver obrigado a prestar um facto em prazo certo e não cumprir, o credor pode requerer a prestação por outrem, se o facto for fungível, bem como a indemnização moratória a que tenha direito, ou a indemnização do dano sofrido com a não realização da prestação; pode também o credor requerer o pagamento da quantia devida a título de sanção pecuniária compulsória, em que o devedor tenha sido já condenado ou cuja fixação o credor pretenda obter no processo executivo.

2 – O devedor é citado para, no prazo de 20 dias, deduzir oposição à execução, mediante embargos, podendo o fundamento da oposição consistir, ainda que a execução se funde em sentença, no cumprimento posterior da obrigação, provado por qualquer meio.

3 – O recebimento da oposição tem os efeitos indicados no artigo 733.º, devidamente adaptado.

2.1. Introdução

O processo executivo para **prestação de facto** tem como finalidade, tal como o nome indica, a realização coerciva da obrigação que impende sobre o devedor de *prestar um facto.*

O artigo 10.º, n.º 5, do Código de Processo Civil, estipula que "*Toda a execução tem por base um título, pelo qual se determinam o fim e os limites da ação executiva*". Por isso, é com base na análise do título executivo apresentado que devemos apurar o objeto da ação executiva.

Habitualmente, o exequente pede a concretização da prestação de facto que lhe é devida e pode ainda peticionar, de forma cumulativa, uma indemnização moratória, ou seja, uma indemnização pelo atraso no cumprimento da prestação, desde que o prazo para cumprir o facto se encontre fixado no título executivo apresentado.

O exequente pode ainda pedir, em lugar da prestação do facto, uma indemnização por equivalente pecuniário da prestação, quer devido ao facto a prestar ser infungível, ou seja, não suscetível de execução específica por terceiro, quer devido à circunstância de o exequente ter optado desde logo, apesar do facto ser fungível, pela indemnização por perdas e danos.

O facto a prestar pode assumir natureza positiva (obrigação de facere) ou negativa (obrigação de non facere). A obrigação de *non facere* pode ter por objeto uma omissão de ação (Ex: não construir muro no prédio do exequente) ou a tolerância de uma atividade do credor (Ex: não impedir a entrada do exequente no armazém do executado, de modo a proceder às obras de retirada de vários bens aí instalados).

2.2. Prestação de Facto Positivo Fungível e Infungível

Comecemos a análise do artigo 868.º, do Código de Processo Civil, no que concerne à **prestação de facto Fungível com prazo fixado no título**.

A prestação do facto é **fungível** quando pode ser realizada tanto pelo devedor como por outra pessoa, sem prejuízo para o credor. E é não fungível ou **infungível** quando tenha de ser necessariamente cumprida pelo devedor.

No plano prático e de acordo com a opinião de Calvão da Silva[3], a prestação de facto FUNGÍVEL é aquela que pode ser cumprida por terceiro; enquanto a prestação de facto INFUNGÍVEL é aquela que NÃO pode ser

[3] In "*Cumprimento e Sanção Pecuniária Compulsória*", Almedina, 4.ª ed., 2002, p. 367 e ss..

cumprida por terceiro. E tal asserção coincide com o critério contido no artigo 767.º, do Código Civil, que estipula que se o cumprimento por terceiro for admissível, a prestação é fungível e se, ao invés, o cumprimento por terceiro for de excluir, a prestação é infungível.

Mas quando a prestação do facto por terceiro prejudicar o exequente, este pode recusar a prestação, deixando de ser possível o cumprimento da prestação por terceiro. É também em função do interesse concreto do exequente que se decide se a prestação é fungível ou infungível.

Voltando à norma do **artigo 868.º, n.º 1**, 1.ª parte, do Código de Processo Civil, a sua análise permite referir que o exequente pode escolher entre a execução da prestação de facto por terceiro, com ou sem pedido de indemnização moratória, ou a *indemnização compensatória*.

> "**1** – *Se alguém estiver obrigado a* ***prestar um facto*** *em* ***prazo certo*** *e* ***não cumprir****, o credor pode* ***requerer a prestação por outrem****, se o facto for fungível, bem como a indemnização moratória a que tenha direito, ou a indemnização do dano sofrido com a não realização da prestação;*".

O credor (exequente) da prestação de facto positiva fungível pode peticionar no requerimento executivo, e regra geral é o que sucede na grande maioria das ações executivas com esta finalidade (prestação de facto), que o facto seja realizado por outrem à custa do devedor (executado).

Chama-se à colação, neste conspecto, o preceituado na norma do artigo 828.º, do Código de Processo Civil, sob o título "***Prestação de Facto Fungível***", que estabelece o princípio do *cumprimento por terceiro*, e passamos a citar:

"*O credor de prestação de facto fungível tem a faculdade de requerer, em execução, que o facto seja prestado por outrem à custa do devedor*".

2.3. Querela doutrinária

Tem sido discutido na *doutrina* **se o exequente poderá desde logo optar**, atendendo a que a 1.ª hipótese contida na norma do artigo 868.º, n.º 1, do Código de Processo Civil, é a escolha pela prestação do facto por outrem (com ou sem indemnização moratória, nos termos do artigo 804.º, n.º 1, do Código Civil), **pela indemnização compensatória** (isto é, pelo dano sofrido com a não realização da prestação) quando ainda **é possível o cumprimento da Prestação do Facto**.

Essa opção, no entanto, deve ser feita pelo exequente no requerimento executivo ou até ao termo do prazo para serem deduzidos embargos à execução ou quando estes tiverem sido julgados improcedentes, no caso de a execução ter sido suspensa (cfr. artigo 869.º, do Código de Processo Civil).

Castro Mendes é, desde logo, um dos primeiros doutrinadores a entender que "*se for possível a execução específica – prestação por outrem dando o mesmo resultado que a prestação pelo devedor, portanto prestação fungível – o credor não tem o direito de exigir uma indemnização em dinheiro, mas só de exigir a prestação por outrem*"[4].

E continua defendendo que "*Isso está aliás em paralelo com o que se passa na execução para entrega de coisa certa. Nessa, o credor não pode optar entre a entrega e uma indemnização: tem de pedir a entrega (execução específica) e só se esta não for possível uma indemnização (art. 931: só "quando não seja encontrada a coisa que o exequente devia receber").*"[5].

Em suma, havendo mora, Castro Mendes entende que só pode ser pedida a prestação do facto por outrem, que corresponde à responsabilidade específica ou *in naturam* (conforme consta da norma do artigo 566.º, n.º 1, do Código Civil), à qual poderá fazer acrescer uma indemnização moratória ou complementar ou pelo retardamento/atraso (cfr. artigo 804.º, do Código Civil).

E a *indemnização compensatória* só é possível quando se verifica ***incumprimento definitivo*** quanto à realização da prestação do facto. Ou seja, o exequente não pode optar pela *indemnização compensatória* enquanto ainda for possível a realização da prestação do facto por terceiro.

[4] In "Direito Processual Civil", Volume III, p. 520-521.

[5] In obra antes citada, p. 521.

Os autores ***Miguel Teixeira de Sousa***[6] e ***Rui Pinto***[7] seguem a mesma linha de orientação.

Aliás, ***Rui Pinto*** é muito claro quando afirma : "*Ocorrendo uma situação de mora, o credor pode tão só requerer a* ***execução específica****, como pode cumular esse pedido de* ***execução específica*** *com o pedido sucedâneo de indemnização moratória, i. e., de juros de mora (cf. Art. 806.º CC) ou, ainda, pedir apenas esta indemnização moratória*[8]" (negrito, itálico e sublinhado nossos).

E finaliza o capítulo dedicado à "Mora", esclarecendo que "*Portanto, concordamos com Castro Mendes e Teixeira de Sousa*: prevalência da execução *in naturam* havendo mora, acompanhada da competente indemnização"[9].

Todavia, a grande maioria dos doutrinadores, entre os quais ***Lopes Cardoso, Anselmo de Castro, Lebre de Freitas*** e ***Remédio Marques***[10], defende que essa escolha entre o pedido de prestação do facto por outrem ou pedido de execução específica (com ou sem cumulação com a indemnização moratória) e o pedido de indemnização pelo não cumprimento, apesar de a prestação poder ainda ser cumprida, **é uma opção que cabe ao exequente** (credor) fazer.

Lopes Cardoso[11] afirma de forma emblemática que "*o exequente, findo o prazo dentro do qual a prestação devia estar concluída, sem o devedor a ter satisfeito, há-de requerer uma de duas coisas:*

a) *Ou que o executado seja compelido a indemnizá-lo pelas perdas e danos decorrentes da falta;*
b) *Ou, quando isso seja conforme ao estipulado no título executivo, a satisfação coerciva do facto, isto é, autorização para, à custa do executado, praticar ele próprio o dito facto ou mandá-lo fazer por outrem, sob a sua direção.*

6 Cfr. "*Ação Executiva Singular*", 1998, p. 55.
7 v. "*Manual da Execução e do Despejo*", Coimbra Editora 2013, p. 1215 e 1216.
8 In obra antes citada, p. 1215.
9 In obra antes citada, p. 1216.
10 In "*Curso de Processo Executivo Comum à Face do Código Revisto*", Almedina 2000, p. 441.
11 In "*Manual da Ação Executiva*" 3.ª edição (2.ª reimpressão), Almedina, p. 687.

Claro que o exequente pode requerer qualquer das coisas mesmo que o executado tenha iniciado a prestação, contanto que a não tenha completado em prazo. Neste último caso, o pedido de indemnização respeitará às consequências da demora e a prestação coerciva abrangerá a parte ainda não prestada".

Anselmo de Castro[12], de forma esclarecedora, defende que: "*A execução do facto em espécie é faculdade e não obrigação do credor, a quem é lícito optar sempre, em vez dela, pelo seu equivalente em dinheiro. Nisso, não seguem as obrigações de prestação de facto a regra geral, a aplicar, como vimos, na prestação de coisa, em caso de mora ou incumprimento, segundo a qual o credor, enquanto a prestação for possível, não a pode recusar e substituir pelo seu valor. A justificação estará, talvez, em a prestação ou realização do facto por outrem que não o executado não ser de realização certa por poder defrontar sempre com contingências que a podem tornar praticamente inexequível.*

Quer dizer, o desvio do regime, com a opção sempre dada ao credor pela indemnização em vez do próprio objeto da prestação, virá, assim, a ser mais aparente que real".

Também ***Lebre de Freitas***[13], seguindo na mesma linha, declara que: "*Tendo o credor a faculdade de optar, atende-se ao seu interesse, sem sacrifício de qualquer interesse atendível do devedor*". E nesta parte remete para a nota de rodapé **19,** na qual escreve: "*A confirmar que este é o regime legal, está o disposto no art. 875-2: quando o prazo é judicialmente fixado na própria ação executiva, o executado, decorrido o prazo sem que cumpra e confrontado com a modalidade de execução requerida (prestação por outrem ou indemnização), pode opor-se à execução com fundamento na infungibilidade do facto a prestar («ilegalidade do pedido da prestação por outrem»), mas não com fundamento na ilegalidade do pedido de indemnização*".

2.4. Posição Adotada

Ponderadas as duas posições anteriormente expostas, entendemos aderir à segunda.

[12] In "*A Ação Executiva Singular, Comum e Especial*", 3.ª, edição, Coimbra Editora 1977, p. 374.

[13] In "*A Ação Executiva à luz do Código de Processo Civil de 2013*", 7.ª edição, GESTLEGAL, p. 457.

Como defende ***Lopes Cardoso***[14] simbolicamente "*A escolha entre as duas alternativas pertence exclusivamente ao credor, não se consentindo ao devedor, nem se permitindo ao juiz, impor-lhe a aceitação de qualquer delas.*".

Isto é, o exequente (credor) pode escolher entre o pedido de prestação do facto por outrem, com ou sem cumulação com a indemnização moratória, e o pedido de indemnização compensatória, independentemente de existir apenas um atraso no cumprimento ou incumprimento definitivo.

2.5. Indemnização Moratória

A **mora do devedor** corresponde ao *atraso* no cumprimento da obrigação (prestação *de facere*) imputável ao devedor (cfr. artigo 804.º, n.º 2, do Código Civil).

O credor tem, assim, direito à reparação dos danos moratórios.

E a *indemnização moratória* corresponde ao ressarcimento do prejuízo que é causado ao credor pelo retardamento da prestação.

Nas obrigações pecuniárias a indemnização moratória corresponde aos juros legais (cfr. artigo 806, n.º 1, do Código Civil).

No âmbito da prestação de facto, a indemnização moratória deve ser calculada de harmonia com o previsto no artigo 804.º, n.º 1, do Código Civil, abrangendo os **prejuízos atendíveis** que advêm ao credor do facto do retardamento[15].

Voltando à prestação do facto, e para efeitos de cálculo da indemnização moratória, devem ser tidas em conta as despesas que o credor seja forçado a realizar para satisfazer a prestação em falta e os benefícios ou lucros que deixou de receber em virtude da falta do devedor[16].

[14] Ibidem "*Manual da Ação Executiva*" 3.ª edição (2.ª reimpressão), Almedina, p. 686.

[15] v. Pires de Lima e Antunes Varela, in "*Código Civil* Anotado", Volume II, 4.ª edição revista e actualizada, Coimbra Editora, pág. 62.

[16] Cfr. Antunes Varela, in "*Direito das Obrigações*", 5.ª ed., Volume II, 1992, pág. 119.

2.6. A indemnização compensatória

A *indemnização compensatória*[17] deve ser calculada de forma distinta considerando a possibilidade concedida ao exequente de optar por esta ainda sendo possível a prestação do facto pelo executado ou por outrem ou não.

Assim, quanto à forma de cálculo, seguimos a posição de Lebre de Freitas[18] quanto a tal matéria:

"1.º – *Ou ainda é possível a prestação por terceiro e a indemnização compensatória a suportar pelo devedor deve ser calculada em função do custo atual da prestação do facto por terceiro: o devedor pagará o que ao credor for necessário para que fique em situação idêntica àquela em que estaria se a obrigação tivesse sido cumprida;*

2.º – *Ou a prestação por terceiro já não é possível e a indemnização compensatória deve ser calculada em função do incumprimento: o devedor compensará o credor dos danos sofridos por ter ficado sem a prestação a que tinha direito*".

Na primeira situação, o credor pode peticionar, após o termo do prazo para o cumprimento da prestação, a indemnização pela mora ou indemnização pelo retardamento ou atraso, tal como previsto no artigo 804.º, do Código Civil. E deverá indicar especificamente todos os prejuízos advenientes do retardamento na prestação, traduzindo-os consequentemente em quantias pecuniárias.

Na segunda situação, o não cumprimento definitivo da prestação de facto permite ao credor peticionar uma indemnização substitutiva ou compensatória. E deverá indicar todos os danos emergentes, ou seja, os prejuízos diretos e imediatos decorrentes da falta da realização da prestação de facto (podendo assumir natureza patrimonial e/ou não patrimonial), e os lucros cessantes, isto é, todos os prejuízos resultantes da "perda de ganho" do credor pela não concretização do facto a que se obrigara o devedor.

[17] Ou indemnização *de perdas e danos* ou ainda indemnização *pelo dano sofrido* – cfr. terminologia utilizada por Lopes Cardoso in "*Manual da Ação Executiva*" 3.ª edição (2.ª reimpressão), Almedina, p. 691.

[18] In obra antes citada, 7.ª edição, GESTLEGAL, p. 457.

2.7. Facto Positivo Infungível

No caso de se tratar de execução para prestação de facto infungível, o exequente deduz "*ab initio*" o pedido de indemnização compensatória. Ou seja, em sede de requerimento executivo, declara que pretende a indemnização devida pela falta da prestação do facto, podendo cumular tal pedido com o de fixação e/ou pagamento da sanção pecuniária compulsória.

2.8. Sanção Pecuniária Compulsória

Quanto à **2.ª parte**, do **artigo 868.º, n.º 1, do Código de Processo Civil**, vem estabelecido que "*pode também o credor requerer o pagamento da quantia devida a título de sanção pecuniária compulsória, em que o devedor tenha sido já condenado ou cuja fixação o credor pretenda obter no processo executivo*".

Esta parte da norma concerne à **prestação de facto infungível**, que permite ao exequente pedir apenas o pagamento de indemnização **do dano sofrido com a não realização da prestação** e, cumulativamente, a *sanção pecuniária compulsória*.

A prestação do facto é por natureza não fungível ou infungível quando não pode ser concretizada por terceiro, sem o consentimento do credor, ou seja, é aquela que está diretamente relacionada com a pessoa do devedor, por atender às qualidades ou à situação especial deste[19]. A norma do artigo 767.º, n.º 2, do Código Civil, estabelece que a infungibilidade da prestação resulta ou da sua própria natureza ou da vontade das partes.

Ao falarmos de **sanção pecuniária compulsória**, temos de relembrar o disposto no artigo 829.º-A, n.os 1 e 2, do Código Civil, que dispõe que "*Nas obrigações de prestação de facto infungível, positivo ou negativo, salvo nas que exigem especiais qualidades científicas ou artísticas do obrigado, o tribunal*

[19] Cfr. ANTUNES VARELA, in "*Direito das Obrigações*", 5.ª ed., 1992, Volume II, p. 26.

deve, a requerimento do credor, condenar o devedor ao pagamento de uma quantia pecuniária por cada dia de atraso no cumprimento ou por cada infração, conforme for mais conveniente às circunstâncias do caso.

2 – A sanção pecuniária compulsória prevista no número anterior será fixada segundo critérios de razoabilidade, sem prejuízo da indemnização a que houver lugar".

Ora, a **sanção pecuniária compulsória** é uma figura jurídica que possui aplicação subsidiária, só podendo ser utilizada nos casos onde a execução específica não pode ter lugar, limitando-se, pois, às obrigações de caráter pessoal, isto é, às obrigações de *non facere* e *facere*, cujo cumprimento exige a intervenção insubstituível do devedor[20].

Tal como defende o Ac. do Trib. da Rel. de Lisboa, de 19.07.2010[21], "A sanção pecuniária compulsória não funciona como indemnização, pois não se destina a indemnizar o credor pelos prejuízos que o inadimplemento da prestação eventualmente lhe venha a causar. *Funciona como meio de coerção destinado*, fundamentalmente, *a compelir o devedor à realização da prestação devida*".

Nessa perspetiva, é útil fixar a sanção pecuniária compulsória na ação executiva[22] quando, não tendo sido firmada no título executivo apresentado, o devedor/executado pode ainda cumprir o facto.

"*Se a sanção pecuniária compulsória tiver sido fixada na ação declarativa e o exequente, na petição inicial, requerer o seu pagamento, o juiz da execução não terá de se pronunciar, cabendo ao agente de execução liquidar, a final, o seu montante (art. 716-3).*

Havendo que a fixar na execução, o processo vai concluso ao juiz, a fim de que ele a fixe antes da citação do devedor, cabendo, de qualquer modo, ao agente de

[20] V. Calvão da Silva, in "Cumprimento e Sanção Pecuniária Compulsória", Almedina, 4.ª ed., 2002, p. 450.

[21] Publicado in www.dgsi.pt.

[22] Já que se aguarda que o devedor condenado cumpra voluntariamente após a sentença de condenação; daí que a fixação da *sanção pecuniária compulsória* possa vir a ocorrer, posteriormente, na ação executiva.

execução, no final, fazer a respetiva liquidação, se o incumprimento persistir[23]" – **Esquema 5.3.**.

2.9. Fases da Execução da Prestação de Facto Positivo

Passamos agora a analisar o **n.º 2, do artigo 868.º, do Código de Processo Civil**, que reza assim:

> "2 – *O devedor é citado para, no prazo de 20 dias, deduzir oposição à execução, mediante embargos, podendo o fundamento da oposição consistir, ainda que a execução se funde em sentença, no cumprimento posterior da obrigação, provado por qualquer meio.*".

O exequente apresenta o seu requerimento executivo, afirmando a sua opção pela prestação do facto (ou satisfação coerciva) ou pedido de indemnização e termina solicitando a citação do executado para, em 20 dias e querendo, apresentar oposição à execução.

Não tendo sido **recusado o requerimento executivo**, o processo vai concluso ao juiz, uma vez que **há sempre despacho judicial liminar** (cfr. artigos 726.º e 626.º, n.º 1, do Código de Processo Civil).

Concluso o processo executivo, o juiz:

1. Determina o aperfeiçoamento do requerimento e concede prazo para esse efeito;
2. Indefere liminarmente o requerimento executivo;
3. Ou ordena a citação do executado para, em 20 dias, deduzir oposição mediante embargos.

Nestas execuções para prestação de facto não há dispensa de citação prévia[24] (artigos. 727.º e 855.º, n.º 3, do Código de Processo Civil), dada a natureza da prestação[25].

[23] V. Lebre de Freitas, in "*A Ação Executiva à luz do Código de Processo Civil de 2013*", 7.ª edição, GESTLEGAL, p. 458

[24] V. Rui Pinto Ibidem, p. 1218.

[25] Se a dispensa de citação prévia fosse possível, o executado não participaria na fase da avaliação do custo da prestação, o que poderia ser visto como uma infração ao princípio

Pese embora a dispensa de citação prévia não seja aplicável, o credor pode instaurar procedimento cautelar de arresto, por exemplo, se os pressupostos estiverem preenchidos (cfr. artigo 391.º, do Código de Processo Civil), de forma a garantir o custo da prestação por outrem ou a indemnização compensatória.

2.10. Cumprimento da Prestação de Facto pelo Executado

Proferido o **despacho de citação do executado,** este poderá ainda, dentro do prazo de 20 dias que dispõe para deduzir embargos, CUMPRIR a PRESTAÇÃO?

A doutrina divide-se.

Para **Alberto dos Reis**[26], **Castro Mendes**[27], **Lebre de Freitas**[28] e **Rui Pinto**[29] a resposta à questão acima referida é positiva. O executado pode ainda prestar o facto dentro dos 20 dias de que dispõe para embargar a EXECUÇÃO.

Aliás, de modo mais abrangente, **Castro Mendes** referia que se a prestação do facto exigir um prazo superior aos 20 dias e o executado estiver seriamente interessado no seu cumprimento, o juiz pode suspender a instância executiva, depois de ouvido o exequente, por motivo ponderoso e justificativo (cfr. artigo 272.º, n.º 1, do Código de Processo Civil).

Anselmo de Castro[30] e **Lopes Cardoso**[31] respondem negativamente à questão supra exposta.

De forma muito clara, **Lopes Cardoso** explica a sua posição:

do contraditório, tal como assinalou Lebre de Freitas, in "A Ação Executiva À Luz do Código de Processo Civil de 2013", 7.ª ed., Gestlegal, p. 459.

[26] V. ibidem, p. 557 e 558.

[27] Ibidem, p. 526.

[28] V. ibidem, p. 459 e 460.

[29] Ibidem, p. 1218 e 1219.

[30] V. ibidem, p. 374.

[31] Ibidem, p. 687-688.

*"A lei atual não contém preceito semelhante ao do corpo do artigo 901.º do Código de 1876, onde se dizia: «**Se a execução tiver por fim a prestação de um facto, dentro do prazo já determinado, será o executado citado para nesse prazo o prestar**».*

Por isso hoje em dia, quando o prazo conste do próprio título executivo, o executado, ao contrário do que sucede nas execuções para pagamento de quantia ou para entrega de coisa, não é citado para cumprir pessoalmente a obrigação inicial de prestação do facto[32]; ***a ação executiva inicia-se com o pedido de indemnização ou de satisfação coerciva**.".*

Podemos acrescentar que, contrariamente ao que se encontra previsto nas outras espécies de execuções, **na execução para prestação de facto positivo** o executado é apenas citado para deduzir EMBARGOS e já não para realizar o facto.

Todavia, apesar de assim ser, entendemos que o cumprimento da prestação pelo executado e a sua manifestação de vontade no sentido de ainda prestá-lo no âmbito do processo executivo deve ser analisada casuisticamente, ouvido o exequente, de modo a que o juiz pondere se, na verdade, o executado pretende mesmo realizá-lo de forma pronta e perfeita.

É útil não esquecer que o não cumprimento do facto pelo executado pode ter prejudicado a confiança do exequente de forma irreversível, de modo a por em causa a intenção daquele em pretender realizar integralmente o facto no momento atual, ou seja, após a sua citação ter ocorrido na ação executiva. Isto é, a prestação do facto deverá implicar a autorização do exequente para esse efeito, que poderá não a conceder por se mostrar abalada a sua confiança no executado.

A aceitação pelo exequente da prestação oferecida pelo executado no decurso da execução acarreta um efeito significativo para si no que toca ao pedido de pagamento da indemnização moratória que eventualmente tenha deduzido no requerimento executivo.

Resulta do artigo 868.º, n.º 1, do Código de Processo Civil, que a indemnização moratória é cumulável com o pedido de prestação do facto por outrem.

[32] Aqui, em nota de rodapé (1), Lopes Cardoso esclarecia que "*...tal citação implicaria a renovação do prazo marcado no título e já esgotado...*".

Já não o será quando o executado presta o facto em sede de execução.

Assim, aceitando o exequente a prestação do facto pelo executado no decurso da ação executiva, o que acarretará a extinção da execução, deixa de poder prosseguir com a execução para o pagamento da indemnização moratória, por ilegalidade de tal cumulação de pedidos.

Nada impede, no entanto, que solicite o pagamento de tal indemnização em sede de ação declarativa instaurada para esse efeito.

– **Esquema 5.1.**.

2.11. Embargos de Executado

Quanto aos fundamentos de Embargos à Execução:

2.11.1. Pode fundar-se, desde logo nos termos do n.º 2, do artigo 868.º, do CPC, *no cumprimento posterior da obrigação* ou outro facto de caráter extintivo, que pode **ser provado por qualquer meio**; mas, não pode ser aduzido facto que já poderia ter sido invocado na ação declarativa que deu origem à sentença condenatória, para a hipótese de esta ter sido dada à execução (cfr. artigo 729.º, al. g), do Código de Processo Civil);

21.11.2. Pode fundar-se no disposto no artigo 729.º, do Código de Processo Civil (*ex vi* do artigo 551.º, n.º 2, do CPC), para o caso de o título executivo ser uma sentença;

2.11.3. Pode fundar-se no disposto no artigo 730.º, do Código de Processo Civil (*ex vi* artigo 551.º, n.º 2, do Código de Processo Civil), para o caso de o título executivo ser uma decisão arbitral;

2.11.4. E pode fundar-se no disposto no artigo 731.º, do Código de Processo Civil (*ex vi* do artigo 551.º, n.º 2, do Código de Processo Civil), para os restantes títulos executivos – **Esquema 5.2.**.

2.12. Suspensão da execução após recebimento dos Embargos

Por fim, iremos analisar o **n.º 3, do artigo 868.º, do Código de Processo Civil**, que estabelece:

"**3** – *O recebimento da oposição tem os efeitos indicados no artigo 733.º, devidamente adaptado.*".

Se o executado prestar caução (cfr. artigos 906.º a 915.º, do Código de Processo Civil), o recebimento dos embargos determinará a suspensão da ação executiva – v. artigo 733.º, n.º 1, al. a), do Código de Processo Civil.

Por outro lado, a execução deve iniciar pelas diligências, solicitadas pelo exequente, destinadas a tornar a obrigação **certa, exigível e líquida**, se o não for perante o título executivo apresentado (cfr. artigo 713.º, do Código de Processo Civil).

Porém, pode suceder que o título executivo não preveja o prazo para prestação do facto e o exequente não tenha pedido a *prévia fixação judicial desse prazo*. Nessa situação, caso o juiz não tenha proferido despacho de aperfeiçoamento e depois de citado, o executado poderá deduzir embargos com fundamento na **inexigibilidade da obrigação exequenda**[33] – nessa ocasião, possui pertinência a análise da suspensão da execução, após recebimento dos embargos, mercê da aplicação da alínea c), do artigo 733, n.º 1, do Código de Processo Civil.

2.13. Jurisprudência Selecionada

Relação de Lisboa 09.02.1993 – Cândido Lemos – www.dgsi.pt:

I – Em execução de sentença homologatória de transação, só podem ser invocados, nos respetivos embargos de executado, os fundamentos previstos no artigo 815 do Código de Processo Civil.

II – Não se verifica a inexigibilidade temporária da obrigação da prestação de facto, reconhecida em transação judicial, pela circunstância de um terceiro não autorizar a ocupação do seu terreno com uma obra, no caso de tal ocupação não ser indispensável nem ter sido prevista na transação.

[33] Inexigibilidade da prestação por outrem ou da indemnização compensatória – cfr. Lopes Cardoso, in obr. citada, p. 687.

Relação do Porto 19.06.1995 – Marques Peixoto – www.dgsi.pt:

Em execução para prestação de facto, baseada em sentença que condenou os executados em obrigação certa, exigível e vencida, não pode constituir fundamento dos embargos de executado um facto extintivo da obrigação ocorrido antes do encerramento da discussão em 1ª instância no processo de declaração que foi já objeto de apreciação e decisão nesse processo.

Relação de Évora 30.11.2000 – Verdasca da Silva – CJ-V-276:

I – A execução de sentença para prestação de facto não é o meio processual adequado à prestação de um facto infungível, consubstanciado na realização do contrato prometido.

II – Tendo as partes celebrado um contrato promessa homologado por sentença, deverá o promitente vendedor instaurar ulterior ação declarativa com vista à execução específica, prevista no artigo 830.º do C.C., obtendo a satisfação do preço, com a notificação do devedor para pagar ou depositar o preço em falta.

III – Nesta ação, poderá simultaneamente coagir o devedor, requerendo a sua condenação numa sanção pecuniária compulsória.

Relação do Porto 15.02.2001 – Gonçalo Silvano – www.dgsi.pt:

I – A sanção pecuniária compulsória legal não precisa de ser alegada nem declarada pelo tribunal.

II – A sanção pecuniária compulsória judicial pode ser aplicada, a requerimento do exequente, em execução de prestação de facto infungível, como forma de compelir o devedor a cumprir a obrigação devida, evitando a execução por equivalente.

Relação do Porto 19.03.2001 – Fonseca Ramos – www.dgsi.pt:

A exigência de prestação de caução, estando pendentes embargos de executado em execução para prestação de facto positivo, apenas se aplica se a execução se transformar numa execução que tenha como objetivo o recebimento por parte do exequente de algumas das prestações pecuniárias previstas no artigo 933.º, n.º 1 do Código de Processo Civil, pelas quais optou, em alternativa à execução prestada por outrem.

Relação do Porto 15.07.2004 – Saleiro de Abreu – www.dgsi.pt:
Tendo sido os executados condenados por sentença a uma prestação de facto e tendo os exequentes efetuado, de "per se" parte da prestação, não podem reclamar daqueles, em execução posteriormente instaurada, o custo despendido com tal prestação.

Relação do Porto 15.11.2007 – Freitas Vieira – www.dgsi.pt:
I – O artigo 818.° do Código de Processo Civil tem total aplicação à execução para prestação de facto.

II – Recebida a oposição que tenha sido deduzida, e julgada idónea a caução prestada, impõe-se a suspensão da execução, sem qualquer restrição, com efeito a partir do recebimento da oposição (citado artigo 818.°, n.° 1).

Relação de Lisboa de 08-05-2008 – Ana Luísa Geraldes – www.dgsi.pt:
1 – A sentença condenatória pressuposto indispensável da execução, com base neste título executivo, não só possibilita o recurso imediato à ação executiva, como define o seu fim e fixa os seus limites.

2 – Em execução com base em sentença condenatória, não se pode utilizar este título executivo para realizar coativamente outra obrigação que não seja aquela que o título comprova ou documenta, nos seus precisos termos.

3 – Na execução para prestação de facto o credor, perante o alegado incumprimento do devedor e estando em causa a prestação de um facto fungível, pode optar *entre a prestação por outrem* e *a indemnização moratória a que tenha direito* ou *a indemnização do dano sofrido com a não realização da prestação*".

Relação do Porto 30.04.2009 – Carlos Portela – www.dgsi.pt:
Na execução para prestação de facto positivo e de natureza fungível, não pode decretar-se o pagamento, por parte do executado, de qualquer quantia a título de sanção pecuniária compulsória.

Relação de Coimbra 27.10.2009 – Jaime Ferreira – www.dgsi.pt:

I – Dispõem os art. 933.º, n.º 1, 2.ª parte e 939.º, n.º 1 do Código de Processo Civil que no âmbito do processo executivo para prestação de facto, " se alguém estiver obrigado a prestar um prazo certo e não cumprir ou quando o prazo para a prestação não esteja determinado no título executivo, o credor pode requerer a prestação por outrem (e a fixação do prazo para o efeito), se o facto for fungível, bem como a indemnização moratória a que tenha direito, ou a indemnização do dano sofrido com a não realização da prestação".

II – Mas quando se trate de prestação de facto infungível, pode, ainda, o credor requerer o pagamento da quantia devida a título de sanção pecuniária compulsória, em que o devedor tenha sido já condenado ou cuja fixação o credor pretenda obter no processo executivo, isto é, este tipo de sanção apenas pode ter lugar em caso de obrigação de prestação de facto infungível.

III – Apenas quando se trate de prestação de facto infungível e em que, nos termos do art. 829.º-A do C.C. haja sido estabelecida sanção pecuniária compulsória, pode o exequente cumular com o pedido de indemnização compensatória o de obtenção da quantia eventualmente devida a título de sanção compulsória ou, quando não haja sido estabelecida esse tipo de sanção na ação declarativa, pode o exequente obter, no âmbito da própria execução por facto positivo, a condenação do executado em sanção pecuniária compulsória, sempre que se verifiquem os pressupostos estabelecidos no art. 829.º-A do C.C., assim se facultando ao exequente uma ampliação (objetiva) do título executivo, no âmbito da própria execução, de modo a sancionar o executador, devedor de prestação de facto infungível.

Relação de Lisboa 20.04.2010 – Rosa Ribeiro Coelho – www.dgsi.pt:

I – Estando alguém obrigado a realizar determinados trabalhos em casa do credor, que por sua vez estava obrigado a facultar o acesso ao local, e começando o credor por facultar tal acesso mas negando-o posteriormente, do que resultou a inexecução de alguns desses trabalhos, há mora do credor.

II – Esta mora do credor constitui um impedimento a este imputável e que justifica a situação de não cumprimento em que o devedor se encontra quanto à prestação a que se obrigou, assim se ilidindo a presunção de culpa estatuída no art. 799.º n.º 1 do Código Civil.

III – Estando incorretamente executados outros trabalhos a que o devedor estava obrigado, os quais constituem uma unidade contratual com os referidos em I, não pode autonomizar-se a seu respeito um cumprimento defeituoso porque, estando os trabalhos em curso quando o devedor foi impedido de os executar, estava ele, nesse momento, numa situação que lhe permitia ainda a correção ou o complemento daqueles que se encontravam defeituosos.

IV – Nestas circunstâncias, não havendo mora do devedor, procede a oposição deduzida pelo devedor contra a execução para a prestação de facto intentada pelo credor.

Relação de Lisboa 19.07.2010 – Ondina do Carmo Alves – www.dgsi.pt:

4 – A sanção pecuniária compulsória não funciona como indemnização, pois não se destina a indemnizar o credor pelos prejuízos que o inadimplemento da prestação eventualmente lhe venha a causar. Funciona como meio de coerção destinado, fundamentalmente, a compelir o devedor à realização da prestação devida.

Relação do Porto 17.05.2011 – Cecília Agante – www.dgsi.pt:

I – A circunstância da execução dever ser antecedida da fixação judicial do prazo para cumprir a obrigação exequenda não embarga o pedido de pagamento da sanção pecuniária compulsória.

II – Pedido que nem sequer se encontra prematuramente formulado pela circunstância do prazo da obrigação ainda não estar fixado.

III – É a estatuição do artigo 933.º, n.º 1 do Código de Processo Civil, que, expressamente admite o requerimento de tal sanção no âmbito do procedimento executivo para fixação do prazo para a prestação.

Relação de Coimbra 25.05.2013 – Moreira do Carmo – www.dgsi.pt:

1 – Uma sentença, transitada em julgado, que tenha condenado os réus a demolir o muro por eles edificado, em toda a sua extensão, com a obrigação de reporem o ribeiro na situação que antes tinha, como elemento divisório entre o prédio dos autores, devidamente identificado, e o prédio dos réus, restituindo aos mesmos autores toda a porção de terreno do seu prédio ocupada pelo referido muro, bem como a metade do leito do mencionado ribeiro em toda a extensão em que é divisório daqueles prédios, é uma sentença exequível, contendo uma obrigação exequenda certa e exigível.

2 – Uma vez que o efeito do caso julgado envolve a preclusão dos meios de defesa que podiam ter sido deduzidos na ação de condenação, a h) do n.º 1, do art. 814.º, do Código de Processo Civil, refere-se a facto objetivamente superveniente, posterior ao encerramento da discussão no processo de declaração, só relevando assim no âmbito da oposição à execução fundamento que não esteja a coberto do caso julgado formado na ação declarativa;

3 – A impossibilidade objetiva da prestação, por causa natural, humana, ou legal, prevista no art. 790.º, n.º 1, do CC, geradora de extinção da obrigação exequenda, é a impossibilidade objetiva absoluta e definitiva;

4 – Não é impossível, natural ou humanamente, cumprir a obrigação exequenda de demolir um muro, feito em blocos, com rede e chapas sobre a margem de um ribeiro, e repor o mesmo na situação que antes tinha, mesmo que a sua demolição possa ocasionar desmoronamento ou deslizamento imediato de terras, e estas possam entupir e obstruir o referido ribeiro, pois será possível realizar o trabalho técnico de desentupimento e desobstrução do ribeiro – desassoreamento;

5 – Se para demolir tal muro for eventualmente necessário obter a competente autorização/licenciamento das entidades competentes em matéria de recursos hídricos a obrigação exequenda é de considerar possível, não podendo entender-se que a prestação devida é objetivamente impossível, por causa legal, de modo absoluto e definitivo.

Relação do Porto 03.06.2013 – Caimoto Jácome – www.dgsi.pt:

I – Resulta do artigo 933.º, n.º 2 do Código de Processo Civil que a prova de qualquer facto extintivo da obrigação exequenda, como, por exemplo, um acordo posterior entre as partes, desobrigando uma delas ao cumprimento de parte da prestação de facto constante da sentença, continua a ter de ser efetuada pela via documental.

II – Relativamente à obrigação exequenda, os opoentes/apelados não alegaram o cumprimento, mas um acordo verbal, correspondendo a um facto extintivo da obrigação distinto do cumprimento, sendo que os executado não juntaram aos autos, até ao encerramento da discussão em 1ª instancia, qualquer documento que, sequer, indicie tal acordo.

III – Por isso, o mencionado acordo verbal (e a prova testemunhal do mesmo), só por si, não releva enquanto fundamento de oposição à execução de sentença para prestação de facto, face ao estatuído no artigo 824.º, n.º 1, alínea g) e 933.º, n.º 2 do CPC.

Relação de Coimbra 22.09.2015 – Maria João Areias – www.dgsi.pt

1. Na execução para prestação de facto sem prazo certo, os artigos 874.º e 875.º do NCPC preveem duas fases: uma fase preliminar que se ultimará com a fixação de prazo, seguida de uma fase executiva propriamente dita, a iniciar depois de se verificar que o facto não foi prestado dentro do prazo fixado.

2. A oposição que aos executados é lícito deduzir, quando citados para os termos previstos no n.º 1 do artigo 874.º, tem um âmbito coincidente com a prevista no n.º 2 do artigo 868.º para a execução para prestação de facto com prazo certo – tratando-se de execução de sentença poderá invocar qualquer um dos fundamentos previstos no artigo 729.º e ainda o cumprimento posterior da obrigação, provado por qualquer meio.

Relação de Lisboa 20.04.2016 – Alves Duarte – www.dgsi.pt

I. A lei permite que numa execução laboral o exequente trabalhador peça a condenação do executado empregador numa sanção pecuniária compulsória até que este realize a prestação, de facto e infungível, de o reintegrar na empresa (art. 74.º-A, n.º 2 do CPT).

II. A sanção pecuniária compulsória tem apenas duas finalidades: incitar o devedor a cumprir voluntariamente as decisões judiciais relativas a obrigações de prestação de facto ou de abstenção infungíveis e com isso reforçar o prestígio da justiça e dos tribunais; e não também indemnizar o credor pelos danos sofridos com a mora do devedor relapso (art. 829.º-A, n.ºs 1 e 4 do CC).

III. Não há lugar a condenação do executado no pagamento de uma sanção pecuniária compulsória contra ele pedida numa execução quando realize voluntariamente a prestação, para mais quando nem sequer fora para ela notificado nos termos do art. 868.º, n.º 2 do CPC.

Relação de Coimbra 11.10.2016 – Moreira do Carmo – www.dgsi.pt:

1. Se o credor, em execução para prestação de facto fungível, optar pela prestação por outrem, nos termos do art. 933.º, n.º 1, do anterior Código de Processo Civil, não pode reclamar sanção pecuniária compulsória, pois a mesma, ao abrigo do art. 829.º-A, do CC, destina-se apenas a cobrir a hipótese de prestação de facto infungível.
2. Nem o pode fazer, nos termos daquele mesmo artigo do Código de Processo Civil, se não foi fixada nenhuma sanção pecuniária compulsória na sentença proferida na ação declarativa que serviu de título executivo à respetiva execução, nem também foi a mesma peticionada no requerimento inicial dessa ação executiva.
3. Servindo a execução para prestação de facto para cumprimento de uma obrigação de "facere" não pode o exequente reclamar juros moratórios (vencidos e vincendos) pois estes apenas são devidos na obrigação pecuniária.
4. Nem o podendo fazer, também, porque não foram peticionados no requerimento inicial executivo; porque o R./executado não foi condenado na sentença da ação declarativa, que serviu de título executivo, numa obrigação pecuniária; e muito menos em recurso.

Relação de Coimbra 08.11.2016 – Manuel Capelo – www.dgsi.pt:

I – A sanção pecuniária compulsória visa reforçar a soberania dos tribunais o respeito pelas decisões e o prestígio da justiça e, também, favorecer a execução específica das obrigações de prestação de facto ou de abstenção fungíveis.

II – Quando se trate de obrigações de pagamento a efetuar em dinheiro corrente, a sanção pecuniária compulsória, no pressuposto de que possa versar sobre quantia certa e determinada e, também, a partir de uma data exata (a do trânsito em julgado), poderá funcionar automaticamente uma vez que o seu fim não é o de indemnizar o credor pelos danos sofridos com a mora, mas o de forçar o devedor a cumprir, reforçando-se, assim, o prestígio da justiça.

III – A sanção pecuniária compulsória prevista no n.º 4 do art. 829.º-A do C. Civil está disciplinada fixando o legislador de forma direta e imediata o seu montante, ponto de partida (trânsito em julgado da sentença de condenação) e funcionamento automático, prescindindo de requerimento a solicitá-la, o que decorre da interpretação do art. 716.º do Código de Processo Civil.

Artigo 869.º
Conversão da Execução

Findo o prazo estabelecido para a oposição à execução, ou julgada esta improcedente, tendo a execução sido suspensa, se o exequente pretender a indemnização do dano sofrido, observar-se o disposto no artigo 867.º.

2.14. Opção pela Conversão da Execução

Este normativo legal permite ao exequente, em sede de execução para prestação de facto positivo fungível, a conversão da execução para pagamento da indemnização por equivalente ou compensatória, ou seja, a indemnização pelas perdas e danos sofridos com a não realização da prestação, ainda que tenha pedido no seu requerimento executivo a execução da prestação do facto por outrem.

2.15. Momento Processual para a dedução do incidente de liquidação da indemnização compensatória

A fase processual em que o exequente deduz o incidente de liquidação encontra-se expressamente prevista no artigo 869.º, do Código de Processo Civil.

Assim, o exequente deduz tal incidente em três tempos possíveis:

a) após o decurso do prazo legal para o executado deduzir embargos de executado, sem que o faça;
b) deduzidos os embargos de executados, os mesmos venham a ser liminarmente admitidos sem efeito suspensivo sobre a execução;
c) quando forem julgados improcedentes os embargos de executados que tiveram efeito suspensivo da execução.

2.16. Liquidação da Indemnização Compensatória

Para processualmente se concretizar o valor da indemnização compensatória, o artigo 869.º remete para o artigo 867.º, ambos do Código de Processo Civil.

Assim, o exequente terá de liquidar o valor da prestação e o prejuízo resultante da falta da sua realização pelo executado, deduzindo o incidente de liquidação previsto nos artigos 358.º, 360.º e 716.º, todos do Código de Processo Civil.

O incidente de liquidação corre nos próprios autos de execução, sendo principiado com o articulado inicial de liquidação onde o exequente enuncia os factos atinentes aos danos sofridos com a não realização da prestação do facto, pedindo o pagamento do respetivo valor – artigo 358.º, do Código de Processo Civil.

No mesmo articulado indica os meios de prova e junta o comprovativo do pagamento prévio da taxa de justiça devida pelo incidente – artigo 145.º, n.º 1, do Código de Processo Civil, artigo 7.º, n.º 4, do Regulamento das Custas Processuais e Tabela II anexa a este, Outros Incidentes.

Quando o exequente pede a indemnização compensatória logo no requerimento executivo, tem de juntar o comprovativo do pagamento prévio da taxa de justiça devida pela execução e o comprovativo do pagamento prévio da taxa de justiça devida pelo incidente de liquidação.

O executado é notificado para deduzir oposição ao incidente de liquidação no prazo de 20 dias, com a advertência de que, na falta de contestação, a obrigação se considera fixada nos termos requeridos pelo exequente – artigo 716.º, n.º 4, do Código de Processo Civil.

Em sede de oposição ao incidente de liquidação – também sujeito ao pagamento prévio de taxa de justiça –, o executado pode impugnar os danos invocados e o valor indicado pelo exequente.

Deduzida a oposição pelo executado, seguem-se os termos do processo de declaração com vista a ser proferida sentença que fixe o valor da indemnização – artigo 360.º, do Código de Processo Civil.

Finda a liquidação, a execução prossegue como execução para pagamento de quantia certa – artigo 867.º, n.º 2, do Código de Processo Civil.

2.17. Jurisprudência Selecionada

Relação de Lisboa de 16.02.1995 – Moreira Camilo – www.dgsi.pt:
Sendo a obrigação exequenda de prestação de facto não fungível e fixado o prazo para essa prestação, sem que o executado a tenha efetuado, pode o exequente requerer a conversão da execução para pagamento de quantia certa; e que se liquide o valor do dano sofrido, com o incumprimento (artigos 940 e 934 do Código de Processo Civil).

Relação do Porto 22.11.1999 – Reis Figueira – www.dgsi.pt:
I – Instaurada execução para prestação de facto para obras a realizar no prédio dos executados para impedir a continuação da violação do direito de propriedade do prédio vizinho, dos exequentes, e convertida ela em execução para pagamento de quantia certa pelo mecanismo dos artigos 933 e 934 do Código de Processo Civil, o que subsiste em litígio é a forma como vai dar-se pagamento ao exequente da referida quantia.

II – Vendido o prédio dos exequentes na pendência da execução, porque o mesmo nunca esteve em litígio, nem na ação, pois apenas o estiveram as obras a realizar no prédio dos executados, nem na execução, porque pela venda do prédio se não cede o crédito do exequente, tendo-se, antes, transmitido o prédio com o respetivo direito de propriedade violado, e, por certo, com o respetivo desvalor, não se verifica o condicionalismo do artigo 376 n.1 do Código de Processo Civil, não sendo admissível a habilitação do adquirente do prédio como exequente.

Relação do Porto de 26.09.2002 – Saleiro de Abreu – www.dgsi.pt:

O juiz só poderá arbitrar uma indemnização a favor do exequente em execução para prestação de facto caso reconheça que o mesmo sofreu prejuízos, pois que a existência de um dano é pressuposto da obrigação de indemnizar.

Relação de Lisboa 26.04.2007 – Lúcia de Sousa – www.dgsi.pt:

I – À apelante/executada apenas assiste o direito de contestar a liquidação, não podendo arguir na contestação, por via de exceção os factos impeditivos, modificativos ou extintivos, os quais apenas poderá deduzir por via de embargos.

II – Na execução para prestação de facto o exequente pode pedir a indemnização do dano sofrido na qual se englobam, entre outros, o valor dos danos que o executado deveria reparar, bem como os prejuízos patrimoniais sofridos com a falta de reparação.

Artigo 870.º
Avaliação do custo da prestação e realização da quantia apurada

1 – Se o exequente optar pela prestação do facto por outrem, requer a nomeação de perito que avalie o custo da prestação.

2 – Concluída a avaliação, procede-se à penhora dos bens necessários para o pagamento da quantia apurada, seguindo-se os demais termos do processo de execução para pagamento de quantia certa.

2.18. Avaliação do Custo da Prestação

Já vimos que em sede de requerimento executivo, o exequente pode pedir a prestação do facto positivo por outrem, o que acontece na grande maioria desta espécie de execução.

Decorrido o prazo para a dedução de embargos de executado ou julgados improcedentes quando tenham tido efeito suspensivo sobre a execução, o exequente reitera a sua pretensão, requerendo a nomeação de perito que avalie o custo da prestação, não sendo necessário que indique quesitos.

O processo vai concluso ao juiz para que se prossiga com a realização das diligências necessárias para avaliar o custo da prestação, mais concretamente, mediante a realização de perícia, que habitualmente é singular – sendo o perito nomeado pelo juiz.

Concluída a perícia e depois de conferido contraditório às partes, o juiz fixa o custo da prestação.

O valor assim fixado não é definitivo, mas sim meramente provisório, porquanto não corresponde ao valor real a despender com a realização da prestação.

Quando é prestado o facto, os custos suportados pelo exequente com a realização dos trabalhos pode ser diferente daquele que foi fixado anteriormente pelo Tribunal, ocorrendo a probabilidade de corresponder a um valor superior ou inferior àquele.

Só em sede de incidente de prestação de contas é que se fixa o valor definitivo da prestação.

2.19. Execução para Pagamento de quantia certa

Concluída a perícia, o juiz fixa o custo da prestação, seguindo o processo executivo nos termos previstos para a execução para pagamento de quantia certa para a obtenção do valor correspondente.

Alberto dos Reis[34] esclarece que "*Assim se dá realização ao princípio de que a prestação de facto vai ser feita por outrem, mas à custa do executado.*

É a forma de obter a satisfação coerciva do direito do exequente. O executado estava obrigado a prestar determinado facto; não o prestou. Como a vontade humana é incoercível, como ninguém pode forçar outrem a praticar um facto (nomo ad factum cogi potest), o sistema jurídico tem de socorrer-se de meios indiretos para conseguir para o exequente o facto que o executado se recusa a prestar.

Como vence a ordem jurídica a obstinação do devedor? Vence-a desta maneira: autoriza a prestação, por outrem, do facto que o devedor devia prestar e não quer prestar; mas vai buscar ao património do devedor o dinheiro necessário para custear a prestação.".

Uma vez que esta **execução para pagamento de quantia certa** é instrumental ou *acessória à execução para prestação de facto,* encontrando--se integrada na sua tramitação, não é exigível pagamento de provisão ao agente de execução para a tramitação da execução para pagamento de quantia certa, bastando a provisão inicialmente paga pelo exequente nos termos previstos no anexo VI da Portaria 282/2013, de 29.08 – Fases do Processo Executivo para entrega de coisa certa ou prestação de facto, Fase 1 – sem prejuízo da remuneração fixa a pagar nos termos do anexo VII da citada Portaria.

Nesta execução, proceder-se-á à penhora de bens do executado suficientes para assegurar o valor correspondente quer ao custo da prestação, quer às custas do processo; é notificado o executado para deduzir oposição à penhora; são citados os credores; e é realizada a venda executiva, procedendo-se ao pagamento dos credores graduados antes do exequente.

2.20. Assegurar, mediante penhora, o Valor da Prestação Por Outrem

Obtido o montante referente ao custo da prestação, *é importante realçar que nem o valor respetivo é entregue ao exequente, nem a execução para prestação de facto se extingue.*

[34] In "*Processo de Execução*", volume 2.º, Reimpressão, Coimbra Editora, 1982 pág. 560.

A finalidade desta execução é a prestação do facto e não o pagamento ao exequente do seu custo. Para este efeito, o exequente tinha ao seu dispor o pedido de pagamento da indemnização compensatória ou por equivalente que poderia ter deduzido em sede de requerimento executivo ou, depois da fase dos embargos de executado, em sede de conversão da execução, faculdade que dispensou com o prosseguimento da execução para prestação do facto por outrem.

Conseguido o valor correspondente ao custo da prestação, este fica depositado na conta cliente do agente de execução até que, em sede de incidente de prestação de contas, se determine o valor real que o exequente despendeu com a prestação do facto, apurando-se, assim, o montante que tem direito a receber.

2.21. Jurisprudência Selecionada

Supremo Tribunal de Justiça 04.07.1989 – Brochado Brandão – www.dgsi.pt

II – A execução de prestação de facto a realizar por outrem visa a penhora necessária à obtenção do custo da prestação por outrem, mais as custas prováveis.

III – Embora quem pague seja o executado, esse custo nada tem a ver com crédito do executado sobre o exequente ainda que relacionados com a obra.

Relação de Lisboa 18.04.1991 – Rosa Raposo – www.dgsi.pt:

Numa execução para prestação de facto em que o exequente opta pela prestação do facto por outrem, estando concluída a avaliação da prestação e mostrando-se depositado à ordem do processo uma quantia suficiente para pagar o custo da prestação, nada impede o levantamento da penhora que foi realizada.

Relação de Lisboa 21.01.1992 – Damião Pereira – www.dgsi.pt:

I – Na execução para prestação de facto, a avaliação a que alude o n. 1 do artigo 935 do Código de Processo Civil destina-se a fornecer uma simples estimativa do custo provável.

II – Assim, se for executado o depósito desse custo provável, não deve ser ordenado o levantamento da penhora, pois que a importância devida ao exequente só se determina depois de prestado o facto e aprovadas as contas.

Relação de Lisboa 18.02.1993 – Pires Salpico – www.dgsi.pt:
Homologada por sentença transitada uma transação pela qual as partes acordaram uma peritagem para determinar e fixar as obras a que o réu estava obrigado, uma vez realizada a peritagem, não pode o executado, na subsequente execução para prestação de facto, invocar a incerteza e iliquidez da sua obrigação.

Supremo Tribunal de Justiça 06.05.1993 – Sousa Macedo – www.dgsi.pt:
I – Se o executado para prestação de facto não cumprir, o exequente vai buscar ao património daquele o dinheiro necessário para custear a prestação por terceiro, com prévia avaliação do custo da prestação e nomear bens à penhora para assegurar esse valor, mas não se convertendo o crédito do exequente em crédito por quantia certa, continuando a prestação a ser de facto.

II – O montante a pagar pelo executado não resulta da avaliação, que só funciona para se determinar o montante a caucionar, mas pela aprovação das contas a prestar pelo exequente, após o termo das obras.

III – Com a avaliação e penhora dos bens havidos por suficientes, o dever de diligência na execução passa a recair sobre o exequente, que, por isso deve sofrer as consequências desfavoráveis decorrentes da demora anormal na execução do facto.

IV – Porém, o exequente tem a possibilidade de se fazer pagar por outros bens do devedor, verificando-se a insuficiência do produto da penhora inicial.

V – Tendo o executado depositado caução em numerário, correspondente à avaliação do custo da obra, aceitou-se que esse depósito teria o efeito de assegurar o respetivo pagamento da despesa substituindo a penhora, que deixou de se justificar, pelo que podia, como foi, ser levantada.

Relação do Porto de 19.10.1995 – Viriato Bernardo – www.dgsi.pt:
I – Em ação de execução para prestação de facto positivo, a fazer por outrem, como é a reparação de defeitos sobrevindos em edifício construído por empreitada, não é necessária, para a avaliação do seu custo, a formulação de quesitos.

II – É que se trata de um arbitramento de natureza diferente daquele que é exigido na ação declarativa que tem como objetivo a definição do direito, sendo que, nesta, o arbitramento representa, em regra, mais uma prova enquanto naquela, o arbitramento é uma diligência sine qua non do andamento da ação cujo indeferimento, importaria uma perda de causa, com sobreposição injustificada do aspeto formal a uma boa decisão da causa.

Relação do Porto 23.11.1995 – Camilo Camilo – www.dgsi.pt:
Em processo de execução para prestação de facto, tendo o exequente optado pela prestação do facto por outrem e feita a competente avaliação do custo da prestação, pode ser julgada extinta a execução, com o consequente levantamento da penhora entretanto efetuada, na hipótese de ter sido depositado o montante correspondente àquele custo e estarem pagas as custas da execução.

Supremo Tribunal de Justiça 21.05.1996 – Pais de Sousa – www.dgsi.pt:
I – Na execução para prestação de facto, se o exequente optar pela prestação de facto por outrem e requerer a nomeação de peritos para avaliarem o custo da prestação, deve apresentar quesitos a que os peritos hão de responder, sob pena de indeferimento.

II – A falta de apresentação dos quesitos não pode, porém, impedir o exequente de suprir o lapso, apresentando-os mais tarde, designadamente nos cinco dias após ter sido notificado da falta de apresentação de tais quesitos.

Relação de Guimarães 04.10.2007 – Raquel Rêgo – www.dgsi.pt:

1. Na execução para prestação de facto, a avaliação tem em vista apenas o cálculo provável do custo da prestação, cujo objetivo é o de permitir determinar a extensão da penhora.

2. Esta avaliação pode ser confirmada ou desmentida pela realização das obras.

3. Daí que, no âmbito deste processo, não seja admissível segunda avaliação.

Relação de Guimarães 08.05.2014 –Antero Veiga – www.dgsi.pt:

Em execução para prestação de facto, não tem a parte que ser notificada do dia, hora e local da diligência de avaliação tendente a determinar o provável custo da prestação.

Consequentemente, a não notificação não provoca qualquer nulidade da perícia.

Relação de Coimbra, 20.01.2015 – Moreira do Carmo:

1 – Em ação executiva para prestação de facto, optando o exequente pela prestação por outrem passa a tramitar-se uma execução para pagamento de quantia certa, para obter o montante necessário à realização da prestação devida.

2 – Esta execução de custeamento tem caráter acessório ou instrumental da execução para prestação de facto, e corre incidentalmente com esta, correspondendo, pois a dois tipos diversos de execução.

3 – Obtida aquela quantia necessária à realização da prestação devida, não se extingue, obviamente, a execução para prestação de facto.

ARTIGO 871.º
Prestação pelo exequente

1 – Mesmo antes de terminada a avaliação ou a execução regulada no artigo anterior, pode o exequente fazer, ou mandar fazer sob a sua orientação e vigilância, as obras e trabalhos necessários para a prestação do facto, com a obrigação de prestar contas ao juiz.

2 – A liquidação da indemnização moratória devida, quando pedida, tem lugar juntamente com a prestação de contas.

3 – Na contestação das contas é lícito ao executado alegar que houve excesso na prestação do facto, bem como no caso previsto no número anterior, impugnar a indemnização moratória.

2.22. Exequente realiza ou manda realizar o facto antes de concluída a avaliação

Este normativo legal permite ao exequente dar início à prestação, por si ou sob a sua orientação e vigilância, antes de concluída a avaliação do custo da prestação ou antes de finda a execução para obter o custo da prestação, a que se refere o artigo 870.º, n.º 2.

Esta situação pode ocorrer em caso de necessidade e urgência na realização dos trabalhos ou quando o exequente confia na solvabilidade da situação patrimonial do executado[35].

Alberto do Reis[36] menciona que essa "*atitude sujeita o exequente ao risco de fazer obras e trabalhos que não poderão ser pagos pelo produto da venda dos bens do executado e portanto ter de suportar, ele próprio exequente, as despesas totais ou parciais do custo da obra.*" Ao passo que se aguardar que chegue ao fim a execução destinada a obter o custo da prestação, o exequente atesta, assim, uma "*atitude mais prudente e segura, porque permite ao exequente desistir da prestação, caso a execução não chegue a recolher a importância em que foi avaliado o custo da prestação.*".

A opção por esta via por parte do exequente não deixa de ser arriscada, pelo que cabe ao mesmo ponderar se deve ou não recorrer à mesma.

[35] Cfr. ALBERTO DOS REIS, in ob. cit., pág. 563.

[36] Ibidem, p. 562.

2.23. Vicissitudes da fase extrajudicial da execução para prestação de facto

A fase da execução do facto por outrem, seja este o exequente ou alguém a seu mando, sob a sua vigilância e orientação, é chamada de fase extrajudicial da execução para prestação de facto.

O momento em que normalmente ocorre é depois de avaliado o custo da prestação e depois da execução prevista no artigo 870.º, n.º 2, do Código de Processo Civil, podendo advir antes de concluídas estas fases processuais, conforme refere o n.º 1, do artigo 871.º.

No decurso desta fase, o executado pode entender que a prestação está a ser ilegalmente realizada, por exemplo, por ser prestação diferente da que se encontra prevista no título executivo ou por estar a ser realizada em local diferente do previsto no título executivo.

O meio que tem ao dispor para reagir perante tal situação é o incidente de oposição à penhora previsto no artigo 784.º e seguintes, do Código de Processo Civil, por força do disposto no artigo 551.º, n.º 2, do mesmo diploma legal, que manda aplicar à execução para prestação de facto as disposições relativas à execução para pagamento de quantia certa.

Há que esclarecer que este incidente é deduzido espontaneamente pelo executado, já que em sede de execução para prestação de facto coativa não há lugar à notificação do executado para deduzir oposição à penhora, nos termos do artigo 784.º e seguintes, do Código de Processo Civil.

2.24. Terceiro ofendido com a execução extrajudicial do facto

Rui Pinto[37] aborda esta questão, defendendo que o terceiro não pode socorrer-se do incidente de embargos de terceiro, porquanto o ato ofensivo corresponde a um ato privado, pós-processual, e não a um ato judi-

[37] In "*Manual da Execução e do Despejo*", Coimbra Editora, pág. 1126.

cial, pelo que o meio de defesa a utilizar será o procedimento cautelar de embargo de obra nova ou procedimento cautelar inominado.

Já **Anselmo de Castro**[38] expõe que "*Há, por outro lado, que ter em conta que a execução do facto frequentemente poderá ferir a esfera jurídica do executado ou de terceiros (...). Tais situações terão de ser resolvidas no sistema legal "ex post", por embargos de terceiro (...).*

E em nota de rodapé acrescenta que: "*Embargos (...) que mal podem caber dentro do apertado esquema legal.*".

Tendemos a concordar com ***Anselmo de Castro.***

Não obstante esta fase processual da execução ser extrajudicial, a execução para a prestação do facto ainda não se encontra extinta, já que ainda se lhe segue a fase da prestação de contas e de pagamento ao exequente, só depois havendo lugar à extinção da execução, ou seja, esta fase processual ocorre na pendência do processo executivo.

Em nossa opinião, a possibilidade de instauração de embargos de terceiro terá de ser analisada de forma casuística, dependendo do que pretende o terceiro com a sua dedução.

Caso a execução do facto lese a posse ou qualquer outro direito incompatível com a realização ou o âmbito de realização da diligência, pode o terceiro deduzir o correspondente incidente de embargos de terceiro nos termos previstos no artigo 342.º e seguintes, do Código de Processo Civil, também por força do que prevê o artigo 551.º, do mesmo diploma legal.

No entanto, caso o terceiro pretenda, para além da reposição da situação violadora do seu direito, peticionar o pagamento de uma indemnização pelos danos causados com a realização da prestação por outrem, contra o exequente e a pessoa para esse efeito por este contratada, deverá instaurar ação declarativa.

Assumindo avançar para tal pretensão, e caso haja urgência na reposição da situação "*ex ante*", poderá esse terceiro instaurar procedimento cautelar de embargo de obra nova ou procedimento cautelar inominado, **que será dependente da ação declarativa a propor**, nos termos referidos no parágrafo anterior, atento o disposto no artigo 364.º, n.º 1, do

[38] In obra citada, p. 379.

Código de Processo Civil – relação de instrumentalidade e de dependência do procedimento cautelar com a ação declarativa a propor.

2.25. Prestação de contas

Prestado o facto por outrem, antes ou depois de concluída a avaliação do custo da prestação prevista no artigo 870.º, n.º 1, e/ou a execução a que alude o artigo 870.º, n.º 2, do Código de Processo Civil, o exequente presta contas ao juiz do processo.

Embora pareça resultar da lei que o incidente de prestação de contas só tem lugar quando o exequente inicia a prestação do facto antes de concluída a avaliação ou a execução prevista no n.º 2 do artigo anterior, ele aplica-se a todas as execuções em que o exequente opte pela prestação do facto por outrem.

2.25.1 Tramitação do Incidente de Prestação de Contas

O exequente deduz o incidente de prestação de contas, regulado nos artigos 945.º e seguintes, do Código de Processo Civil.

O incidente corre por apenso aos autos de execução – artigo 947.º – e está sujeito ao pagamento prévio de taxa de justiça – artigo 145.º, do CPC, artigo 7.º, n.º 4, do Regulamento das Custas Processuais e Tabela II anexa a este Regulamento, sob o título "Outros Incidentes".

Em sede de articulado inicial, o exequente alega as despesas feitas com as obras e trabalhos realizados para cumprir a prestação devida pelo executado.

E liquida a indemnização moratória caso tenha requerido o pagamento da mesma em sede de requerimento executivo.

O executado é notificado para, em 30 dias, contestar as contas apresentadas.

Em sede de contestação, pode o executado alegar o excesso de prestação do facto e/ou do custo da prestação indicado pelo exequente, assim como pode exigir que o exequente justifique as verbas invocadas e impugnar a liquidação da indemnização moratória, indicando os seus meios de prova.

A contestação está sujeita ao pagamento prévio de taxa de justiça – artigo 145.º, do Código de Processo Civil, artigo 7.º, n.º 4, do Regulamento das Custas Processuais e Tabela II anexa a este Regulamento, Outros Incidentes.

Com ou sem contestação deduzida por parte do executado, segue-se a instrução do incidente, sendo notificado o exequente para apresentar as provas que entender – artigos 946.º, n.º 2, e 945.º, n.º 3, do Código de Processo Civil.

Com efeito, na ausência de contestação não se consideram confessadas as verbas indicadas pelo exequente.

É o que resulta da lei.

O juiz ordena a realização das diligências indispensáveis para decidir quanto à aprovação das contas, recorrendo para o efeito aos meios de prova indicados pelo exequente, designadamente, inquirição de testemunhas, análise de documentos, realização de perícia, entre outros.

Finda a fase de instrução do incidente de prestação de contas, o juiz profere sentença, onde são julgadas as contas – **ESQUEMA 5.6.**.

2.26. Jurisprudência Selecionada

Relação de Évora 21.05.2009 – Manuel Marques:

I – A tramitação adequada à execução da decisão proferida nos autos de ação declarativa – cravação de marcos de acordo com a linha divisória aí traçada – , é a execução para prestação de facto, com as adaptações necessárias, permitidas face ao princípio da adequação formal estabelecido no art. 265.º-A do CPC. Para o efeito recai sobre as partes a obrigação de colaborarem ou permitirem a colocação de marcos que assinalem a demarcação declarada judicialmente (vide art. 1353.º do C.C).

II – Tendo o solicitador de execução, na sequência da falta de colaboração do executado, solicitado ao Tribunal, autorização para proceder à colocação dos marcos na presença da Força Pública e tendo sido deferido tal pedido, a impugnação do ato subsequente de cravamento dos marcos só pode ser impugnada por meio de oposição à execução, pois, por analogia com o que ocorre na execução para pagamento de quantia certa, deve admitir-se que na execução para prestação de facto o executado possa deduzir um incidente de oposição ao ato realizado quanto esse ato não foi (alegadamente) realizado no local definido no título.

Relação de Guimarães 15.05.2008 - Gomes da Silva - www.dgsi.pt:

1 – A realização do cálculo e o apuramento do valor necessário à prestação de facto por outrem não retiram à execução o seu caráter inicial (de prestação de facto de natureza fungível), para a transformarem numa execução por quantia certa.

2. É axiomático que todas as decisões proferidas sobre alguma dúvida suscitada no processo – sobretudo sobre pedido controvertido – devem ser claramente fundamentadas, quer pelo segmento fáctico quer jurídico; assim, não relevarão as simples adesões ao que as partes fundamentarem ou opuserem.

3. A contestação às contas e, consequentemente, ao custo da prestação do facto coercivamente por outrem, por opção do exequente, deve correr em incidente processual próprio, de modo a apurar-se se a obra efetivada coincide em absoluto com o título e se, sendo positiva a resposta, o seu custo se adequa ao louvado e garantido pelo executado, tendo por boas as contas.

Relação do Porto 14.06.2010 – Maria do Carmo Domingues:

II – Da regulamentação do processo executivo para prestação de facto não se retira qualquer norma que imponha que por se tratar de obra a executar no âmbito de um processo executivo para prestação de facto, a obrigação de pagamento recai sobre os ali executados.

III – Se o exequente não quiser aguardar o final do processamento previsto no art. 935.º, pode ele próprio fazer, ou mandar fazer sob sua direção e vigilância as obras e trabalhos necessários para a prestação de facto, cumprindo então o prescrito no art. 936.º do C. P. Civil.

IV – Tal equivale a dizer que no citado artigo 936.º se encontra prevista a prestação pelo exequente, da qual emerge um crédito a seu favor sobre o executado, mas de tal procedimento não resulta qualquer efeito na prestação efetuada por terceiro.

Artigo 872.º
Pagamento do crédito apurado a favor do exequente

1 – Aprovadas as contas pelo juiz, o crédito do exequente é pago pelo produto da execução a que se refere o artigo 870.º.

2 – Se o produto não chegar para o pagamento, seguem-se, para se obter o resto, os termos estabelecidos naquele mesmo artigo.

2.27. Pagamento ao Exequente

Proferida a sentença no incidente de prestação de contas, chegamos à fase de dar pagamento ao exequente com o valor arrecadado na execução a que alude o artigo 870.º, n.º 2, do Código de Processo Civil.

O pagamento ao exequente só se faz depois de pagas as custas da execução, em obediência ao disposto no artigo 541.º, do Código de Processo Civil. Assim, o agente de execução procede ao pagamento, em primeiro lugar, das custas da execução, onde se incluem as suas próprias despesas e honorários.

A seguir, é entregue ao exequente o montante correspondente ao valor aprovado em sede de incidente de prestação de contas, mas só após o pagamento aos credores graduados à sua frente – cfr. subcapítulo 2.19.

No caso de haver valor remanescente, este será entregue pelo agente de execução aos credores reclamantes para pagamento dos créditos reclamados e graduados depois do exequente.

Na ausência de créditos reclamados e graduados nestes termos, esse valor remanescente será entregue pelo agente de execução ao executado.

2.28. O valor apurado é insuficiente para cobrir o montante do custo real da prestação

No caso de o valor apurado na execução a que alude o artigo 870.°, n.° 2, do Código de Processo Civil, não ser suficiente para pagar ao exequente o montante aprovado em sede de incidente de prestação de contas, o processo volta a seguir os termos da execução para pagamento de quantia certa.

A esta execução aplicam-se todas as normas reguladoras desta espécie de execução, podendo ser dado pagamento ao exequente, a final, do valor obtido na execução sem necessidade da dedução de qualquer outro incidente privativo da execução para a prestação de facto.

Assim, prossegue a execução com indicação de novos bens à penhora, notificação do executado para oposição à penhora, citação de credores, venda, pagamento, aplicando-se ainda todas as causas de extinção da execução, incluindo a prevista no artigo 750.°, do Código de Processo Civil.

2.29. Jurisprudência Selecionada

Relação de Lisboa 14.09.1991 – Lopes Bento – www.dgsi.pt:
Nada impede a restituição imediata ao executado do remanescente do custo estimado das obras e custas da execução se o exequente não prestar contas.

Artigo 873.°
Direito do exequente quando não se obtenha o custo da prestação

Tendo-se excutido todos os bens do executado sem se obter a importância da avaliação, o exequente pode desistir da prestação do facto, no caso de não estar ainda iniciada, e requerer o levantamento da quantia obtida.

2.30. Possibilidade do exequente desistir da execução

Para a análise deste normativo legal, é forçoso recuar para o artigo 870.º, n.º 2, já referenciado.

Com efeito, o momento processual em que é dada ao exequente a possibilidade de desistir da execução e requerer o levantamento da quantia obtida naquela execução coincide com o fim da execução prevista no artigo 870.º, n.º 2.

Assim, finda a execução do património do executado para obter o custo da prestação podem ocorrer duas situações:

1.ª – é obtido o valor do custo da prestação fixado pelo Juiz.
2.ª – não é obtido o custo da prestação.

Na *primeira situação*, o agente de execução dá conhecimento do valor apurado ao processo de execução e ao exequente.

O exequente, perante tal informação, executa ou manda executar, sob sua orientação e vigilância, os trabalhos que constituem o facto a prestar.

É a chamada fase extrajudicial da execução para prestação do facto, a que já nos referimos.

Concluída a prestação do facto desta forma, para obter a entrega do valor obtido com a execução do património do executado, o credor tem de deduzir o incidente de prestação de contas – artigos 871.º, n.º 1 e 945.º e ss do Código de Processo Civil.

Na *segunda situação* referida, depois de excutidos os bens do executado não se obtém o valor do custo da prestação.

Também nesta situação, o agente de execução dá conhecimento do valor obtido quer ao processo de execução, quer ao exequente.

Neste caso, o exequente pode desistir da prestação do facto e requerer o levantamento da quantia obtida, caso a prestação ainda não se encontre iniciada – artigo 873.º do Código de Processo Civil.

2.31. Discussão doutrinária

No caso de já ter sido iniciada a prestação, a doutrina diverge quanto à aplicação do artigo 873.º, do Código de Processo Civil.

Alberto dos Reis[39] diz-nos que no caso de o exequente se lançar à aventura de fazer ou mandar fazer as obras antes de concluída a avaliação ou a execução: "*já não pode desistir da prestação do facto, ainda que venha a arrecadar-se quantia inferior à importância da avaliação ou ao custo das obras já realizadas; tem de levar até ao fim os trabalhos necessários para a prestação do facto e tem de dar contas para levantar a quantia que se obteve.*" (...).

Anselmo de Castro[40] refere que "*Diversamente sucede estando a obra já iniciada, caso a que o exequente já não tem senão o direito ao facto em espécie, tendo de concluir a prestação para manter o crédito do seu custo, a apurar nas respetivas contas.*

Quer dizer, pelo início da obra torna-se irretratável a opção pela prestação do facto, o mesmo se passando quando o produto obtido na execução atinja o montante da avaliação (compreendidas as custas da execução), muito embora as contas venham a acusar custo superior.".

Já **Lopes Cardoso**[41] conclui dizendo que o exequente "*apesar do silêncio da lei terá direito a levantá-lo, mesmo que não complete a prestação, desde que as despesas já feitas com esta atinjam o montante apurado na execução, deduzidas as custas.*".

As despesas realizadas, entretanto, pelo exequente naturalmente que terão de ser objeto de incidente de prestação de contas, de modo a que aquele possa levantar o valor arrecadado com a execução e assegurar o custo da prestação.

Tendemos, pois, a concordar com a posição defendida por ***Lopes Cardoso***. Na verdade, o exequente não é obrigado a levar até ao fim a prestação do facto, quando o valor máximo apurado com a execução prevista no artigo 870.º, n.º 2, não é suficiente para obter o custo da prestação.

[39] In ob. cit., pág. 563.

[40] In ob. cit., pág. 375.

[41] V. ob. cit., pág. 693.

No entanto, esta posição tem de ser adequada às características do facto a prestar. Se, por exemplo, se tratar da substituição de um telhado, não é admissível que o exequente não complete a prestação.

Assim, só casuisticamente é que o juiz pode aferir qual das posições mais se adequa ao caso concreto.

2.32. Efeitos da desistência da execução para prestação de facto formulada pelo exequente

A desistência apresentada pelo exequente extingue o pedido ou apenas extingue a instância executiva?

Para **Lebre de Freitas e Armindo Ribeiro Mendes**[42] "*este direito do exequente pressupõe que se tenham excutido todos os bens do executado e implica uma opção superveniente pela indemnização compensatória. Não faria, de facto, sentido, que, se futuramente viessem a ser descobertos outros bens ao executado, o exequente não se pudesse pagar pela diferença entre a quantia levantada e aquela a que teria logo inicialmente direito, se tivesse optado pela indemnização compensatória: o crédito pelo remanescente permanece, sem prejuízo de a execução se extinguir após o levantamento da quantia apurada, deduzidas as custas.*".

Anselmo de Castro[43], a este respeito, menciona que: "*Completa o regime o direito conferido ao exequente de desistir da prestação do facto levantando o produto da execução se, excutidos todos os bens do executado, se não obtiver a importância da avaliação e a prestação do facto se não tiver ainda iniciado. Por esse outro seu direito, renasce desse modo o direito inicial do credor à indemnização pelo valor do facto, o qual subsistirá para o futuro no excedente do produto levantado.*".

Virgínio da Costa Ribeiro e Sérgio Rebelo[44] expõem o seguinte: "*Parece-nos que, caso entretanto (já após ter sido extinta a execução convertida em execução para pagamento de quantia certa) se venham a descobrir novos bens*

[42] V. "*Código de Processo Civil Anotado*", Volume 3.º, Artigos 673.º a 943.º", Coimbra Editora, pág. 665.

[43] V. ob. cit., pág. 375.

[44] In "*Ação Executiva Anotada e Comentada*", 2015, Almedina, pág. 649.

no património do executado, passíveis de ser penhorados com vista à satisfação de parte do crédito exequendo ainda não satisfeito, o exequente pode requerer a renovação da execução. Aliás, se atentarmos devidamente, a desistência da prestação do facto prevista neste preceito tem como pressuposto a circunstância de já se terem excutido todos os bens do executado e não ter sido possível obter o valor da avaliação. Há como que uma desistência forçada por inexistência do património que permita que o exequente obtenha o valor da avaliação.

Trata-se de uma situação similar à plasmada no n.º 5 do artigo 850.º, desde que, como exige este normativo, o exequente concretize os bens ou direitos a penhorar.".

O entendimento que perfilhamos é que esta desistência extingue a instância executiva.

Em primeiro lugar porque o exequente não satisfez a sua pretensão inicial, que é ver o facto prestado com o custo da prestação a ser suportado integralmente pelo executado.

Por outro lado, porque este direito dado ao exequente tem como fundamento a inexistência de património suficiente do executado para ser obtido o valor do custo da prestação.

Deste modo, exercendo o exequente a desistência prevista no supra citado artigo 873.º, pode o mesmo, mais tarde, renovar a execução, nos termos preconizados por ***Virgínio da Costa Ribeiro*** e ***Sérgio Rebelo***, ao abrigo do disposto no artigo 850.º, n.º 5, do Código de Processo Civil.

A execução retomará os seus termos na mesma fase em que se extinguiu, ou seja, na fase da execução para obtenção do valor do custo da prestação. No entanto, o valor a obter com a renovada execução corresponde ao montante remanescente àquele que veio a ser inicialmente arrecadado pelo exequente aquando da desistência da execução nos termos do art. 873.º.

Seguir-se-á a fase da prestação de facto por terceiro – fase extrajudicial da execução para prestação de facto –, o incidente de prestação de contas, o pagamento do valor aprovado ao exequente e eventual prosseguimento da execução, caso venha a ser aprovado valor superior ao do custo da prestação.

2.33. Jurisprudência Selecionada

Relação do Porto 25.06.2012 – Ana Paula Amorim – www.dgsi.pt:

Numa execução para prestação de facto, mesmo que realizada a obra, apenas a comprovação de ausência de bens do executado pode determinar a extinção da execução por inutilidade superveniente da lide dado que a obrigação exequenda também engloba o crédito apurado a favor do exequente, resultante das despesas com a execução.

ARTIGO 874.º
Fixação do prazo para a prestação

1 – Quando o prazo para a prestação não esteja determinado no título executivo, o exequente indica o prazo que reputa suficiente e requer que, citado o devedor para, em 20 dias, dizer o que se lhe oferecer, o prazo seja fixado judicialmente; o exequente requer também a aplicação da sanção pecuniária compulsória, nos termos da segunda parte do n.º 1 do artigo 868..º

2 – Se o executado tiver fundamento para se opor à execução, deve logo deduzi-la e dizer o que se lhe ofereça sobre o prazo.

2.34. Incidente inicial para Fixação Judicial do prazo para cumprimento da Prestação de Facto

Quando o prazo para **cumprir a prestação de facto não se encontra fixado** no título executivo apresentado, o exequente deve começar por indicar o *período temporal* que reputa suficiente para a realização desse facto e solicita ainda que tal prazo seja fixado judicialmente assim que o executado for citado para, em 20 dias, dizer o que se lhe oferecer.

Também o art. 777.º, n.º 2, do Código Civil, sob o título "***Determinação do Prazo***", estabelece que:

"1. Na falta de estipulação ou disposição especial da lei, o credor tem o direito de exigir a todo o tempo o cumprimento da obrigação, assim como o devedor pode a todo o tempo exonerar-se dela.

2. Se, porém, se tornar necessário o estabelecimento de um prazo, quer pela própria natureza da prestação, quer por virtude das circunstâncias que a determinaram, quer por força dos usos, e as partes não acordarem na sua determinação, a fixação dele é deferida ao tribunal.

3. Se a determinação do prazo for deixada ao credor e este não usar da faculdade que lhe foi concedida, compete ao tribunal fixar o prazo, a requerimento do devedor.".

2.34.1. Tramitação do Incidente para Fixação Judicial do Prazo

O **incidente** de *fixação judicial do prazo para cumprir a prestação* corre no próprio processo executivo, que deve principiar pelo mesmo.

Para a hipótese de o exequente não ter indicado o prazo, o juiz deverá emitir despacho de aperfeiçoamento, convidando-o a colmatar essa falta dentro do prazo geral de 10 dias, sob cominação de se indeferir liminarmente a ação executiva por inexequibilidade do título ou por falta de exigibilidade da prestação.

O exequente deve ainda, no requerimento executivo, solicitar a aplicação da sanção pecuniária compulsória nos termos do n.º 1, do artigo 868.º, do Código de Processo Civil. Ou seja, como antes observámos, apenas nas situações das prestações de facto positivas infungíveis – **Esquemas 5.4.** e **5.5.**.

2.34.2. Dedução de Embargos

Face ao disposto no n.º 2, do artigo 874.º, do CPC, o executado é citado para deduzir embargos e, **em simultâneo**, para apresentar resposta sobre o prazo que o exequente reputa como suficiente para ser cumprida a prestação.

2.35. Jurisprudência Selecionada

Relação de Lisboa 13.02.1990 – Rolão Preto – www.dgsi.pt:
Tratando-se de título executivo para prestação de facto, se tal título não indicar o prazo em que a obra deve ser concluída, a ação executiva terá de começar pela preliminar de determinação desse prazo, sob pena de inexequibilidade.

Relação de Lisboa 04.07.1991 – Almeida Valadas – www.dgsi.pt:
I – Necessitando uma obrigação, por sua natureza, de prazo para ser cumprida, superior a uma fração insignificante de tempo, há que proceder à respetiva fixação desse prazo.
II – Não se procedendo a tal fixação, a obrigação é inexigível, não podendo promover-se a execução respetiva.

Relação de Coimbra 22.03.2000 – Nuno Cameira – www.dgsi.pt:
I – O facto de a sentença exequenda se limitar a condenar o réu a destruir imediatamente e à sua custa uma determinada cabine de alvenaria edificada em terreno dos autores, sem fixar o prazo dentro do qual tal obrigação deve ser cumprida, não o torna inexigível, e, menos, ainda inexequível.
II – Em tal caso, assiste ao exequente o direito de indicar no requerimento executivo o prazo que reputa suficiente, e ao executado, se quiser deduzir embargos, o de na respetiva petição dizer o que se lhe oferecer sobre aquele.
III – Porque a obrigação exequente, na hipótese indicada no n.º 1, é de facto positivo (*facere*), os fundamentos de oposição à execução são unicamente os fixados no art. 813.º do CPC, e não também o do art. 941.º, n.º 2 (2.ª parte) do mesmo diploma, privativo da execução para prestação de facto negativo (*non facere*).

Relação de Évora 05.11.2015 – Mário Serrano – www.dgsi.pt:
A falta de fixação de prazo para cumprir na sentença exequenda não determinará uma verdadeira e própria inexequibilidade do título, já que essa falta não obsta à sua exequibilidade em absoluto: será, quando

muito, uma inexequibilidade provisória (ou temporária, não-definitiva). Essa falta apenas impõe a prossecução da tramitação inerente a um incidente de fixação do prazo para a prestação."

Artigo 875.º
Fixação do prazo e termos subsequentes

1 – O prazo é fixado pelo juiz, que para isso procede às diligências necessárias.

2 – Se o devedor não prestar o facto dentro do prazo, observa-se, sem prejuízo da segunda parte do n.º 1 do artigo anterior, o disposto nos artigos 868.º a 873.º, mas a citação prescrita no artigo 868.º é substituída por notificação e o executado só pode deduzir oposição à execução nos 20 dias posteriores, com fundamento na ilegalidade do pedido da prestação por outrem ou em qualquer facto ocorrido posteriormente à citação a que se refere o artigo anterior e que, nos termos dos artigos 729.º e seguintes, seja motivo legítimo de oposição.

2.36. Fixação Judicial do Prazo para Cumprir a Prestação do Facto

Esgotado o prazo de 20 dias para o executado deduzir embargos e responder à questão do prazo, o juiz, tenha ou não sido apresentada resposta, **fixa o prazo para cumprimento da prestação de facto positiva**, após as diligências que entender realizar para esse efeito.

No caso de ter sido apresentada oposição mediante Embargos, que não deu origem à suspensão da ação executiva, o juiz deve fixar logo o prazo para cumprimento da prestação exequenda, na execução, seguindo o incidente de embargos de executado a regular tramitação.

Se o executado praticar o facto dentro do prazo judicial fixado pelo juiz, a execução deve ser declarada extinta pelo AE, depois de este comprovar a realização integral do facto exequendo.

Se o executado não praticar o facto (no prazo judicialmente fixado), o exequente pode solicitar que o facto, que é fungível, seja prestado por outrem, tal como dispõe o artigo 828.º, do Código Civil. Ou pode o exequente, mormente se o facto for infungível, pedir o pagamento de uma indemnização pelo dano sofrido (indemnização compensatória).

2.37. Fase Subsequente quando o executado não cumpre a Prestação

No que respeita ao **n.º 2, do artigo 875**, do CPC:

Se o executado não prestar o facto dentro do prazo fixado judicialmente, o n.º 1, do artigo 875.º, remete para o disposto nos artigos 868.º a 873.º, todos do Código de Processo Civil.

Ou seja, a execução passa a seguir, após a fase incidental da fixação judicial do prazo (antes enunciada), a tramitação da ação executiva para a prestação de facto positivo com prazo certo.

E, como vimos aquando da análise do artigo 868.º, a execução para a prestação de facto positivo com prazo certo pode assumir duas formas:

a) Ou segue como execução para prestação de facto por outrem ou, nos dizeres de **Lopes Cardoso** de "*satisfação coerciva da prestação de facto*";
b) Ou segue como execução para pagamento da *indemnização compensatória* ou de "perdas e danos" ou "pelo dano sofrido".

Seguindo a ação executiva *numa dessas duas formas*:

1. o executado é apenas notificado (enviando-se carta registada – **sem aviso de** receção – para a morada onde antes foi citado/notificado) para, querendo e em 20 dias, deduzir oposição à execução mediante embargos;
2. essa oposição mediante embargos só pode ter, no caso de ter sido pedida a *execução coativa do direito à prestação*, como fundamentos:

A) a **ilegalidade do pedido**, isto é, o executado pode alegar que o pedido de prestação do facto por outrem é ilegal, uma vez que essa facto é infungível (v. artigo 767.º, n.º 2, do Código Civil).

Facto infungível é aquele que não pode ser praticado por terceiro, mas somente pelo devedor, aqui executado;
Lopes Cardoso[45], a este propósito, refere que, pese embora o disposto no artigo 875.º, n.º 2, (do artigo 940.º, n.º 2, aludido pelo mencionado autor), somente diga respeito à hipótese de prévia determinação do tempo da prestação, "*não pode deixar-se de entender que a ilegalidade do pedido da mesma prestação por outrem constitui fundamento admissível de embargos de executado mesmo que a ação executiva não comece pelo preliminar do artigo 939.º.*"

B) a existência de um facto posterior à citação ocorrida para o incidente da fixação de prazo (cfr. artigo 874.º, n.º 1, do CPC) e que se adeque à norma do artigo 729.º, do Código de Processo Civil[46], incluindo a prestação feita pelo executado dentro do prazo fixado pelo juiz[47].

2.38. Jurisprudência Selecionada

Relação do Porto 20.05.2013 – Luís Lameiras – www.dgsi.pt:

I – Em quadro de execução para a prestação de facto (positivo), não estando determinado no título executivo o prazo para a prestação, a instância inicia por um procedimento preliminar tendente a fixá-lo (artigos 939.º, n.º 1, início, e 940.º, n.º 1, do Código de Processo Civil); e, uma vez fixado, segue-se a oportunidade de, no período de tempo assim estabelecido, o devedor ainda poder espontaneamente cumprir;

II – Apenas se o não fizer, a instância segue para o momento executivo, propriamente dito, o qual carece do impulso do exequente, optando então (se a prestação for fungível) pela prestação por outrem ou pela indemnização do dano com a sua não realização (artigos 940.º, n.º 2, início, e 933.º, n.º 1, início, do Código do Processo Civil);

[45] Ibidem, p. 689.

[46] V. Rui Pinto, in ""*Manual da Execução e do Despejo*", Coimbra Editora 2013, p. 1222.

[47] Cfr. Lopes Cardoso, in "*Manual da Ação Executiva*" 3.ª edição (2.ª reimpressão), Almedina, p. 690.

III – Se, a respeito de uma prestação positiva e fungível, o exequente, no requerimento inicial, e entre mais, logo põe a questão da fixação de prazo, da realização da prestação por outrem e formula pedido de sanção pecuniária compulsória, é permitido ao tribunal sanear esse requerimento e mandar seguir a instância apenas pelo que seja adequado à respetiva regularidade (artigos 812.º-E, n.º 2, e 265.º, n.º 1, do Cód Proc Civ);

IV – E se, nessa mesma execução, o executado é citado para, a coberto dos artigos 933.º, n.º 2, e 939.º, n.º 1, do Cód Proc Civ, se opor à execução e se pronunciar quanto a fixação do prazo, torna-se notório que se está em quadro típico do procedimento preliminar referido em I –, viabilizando ao tribunal a respetiva decisão, logo que findo o tempo concedido pela citação e tomadas as diligências a isso adequadas (artigo 940.º, n.º 1, do Cód Proc Civ);

V – Opondo-se o executado à execução e, na petição para tanto apresentada, sendo feita menção ao prazo da prestação, não há obstáculo algum à tomada da decisão subsequente, referida em IV;

VI – Ainda que pareça que essa tomada de decisão deva ter lugar no contexto dos autos de execução, se o tribunal optar por a proferir na própria sentença que julga a oposição à execução, e a manda seguir, não há lugar a irregularidade que seja, apenas por isso, relevante (artigos 940.º, n.º 1, início, e 201.º, n.º 1, final, do Cód Proc Civ);

VII – Se, em quadro de prestação fungível, a sentença referida em VI, além do mais, ainda fixa quantia a título da sanção pecuniária compulsória que, em requerimento inicial, os exequentes haviam peticionado, o vício emergente não é o estritamente formal consistente em excesso de pronúncia (artigos 939.º, n.º 1, final, 660.º, n.º 2, final, e 668.º, n.º 1, alínea d), final, do Cód Proc Civ);

Relação de Coimbra 22.09.2015 – Maria João Areias – www.dgsi.pt:

1. Na execução para prestação de facto sem prazo certo, os artigos 874.º e 875.º do NCPC preveem duas fases: uma fase preliminar que se ultimará com a fixação de prazo, seguida de uma fase executiva propriamente dita, a iniciar depois de se verificar que o facto não foi prestado dentro do prazo fixado.

2. A oposição que aos executados é lícito deduzir, quando citados para os termos previstos no n.º 1 do artigo 874.º, tem um âmbito coincidente com a prevista no n.º 2 do artigo 868.º para a execução para prestação de facto com prazo certo – tratando-se de execução de sentença poderá invocar qualquer um dos fundamentos previstos no artigo 729.º e ainda o cumprimento posterior da obrigação, provado por qualquer meio.

Capítulo III
Da execução para prestação de facto negativo

Artigo 876.º
Violação da obrigação, quando esta tenha por objeto um facto negativo

1 – Quando a obrigação do devedor consista em não praticar algum facto, o credor pode requerer, no caso de violação, que esta seja verificada por meio de perícia e que o juiz ordene:

a) A demolição da obra que eventualmente tenha sido feita;

b) A indemnização do exequente pelo prejuízo sofrido; e

c) O pagamento da quantia devida a título de sanção pecuniária compulsória, em que o devedor tenha sido já condenado ou cuja fixação o credor pretenda obter na execução.

2 – O executado é citado para, no prazo de 20 dias, deduzir oposição à execução, mediante embargos, nos termos dos artigos 729.º e seguintes; a oposição ao pedido de demolição pode fundar-se no facto de esta representar para o executado prejuízo consideravelmente superior ao sofrido pelo exequente.

3 – Concluindo pela existência da violação, o perito deve indicar logo a importância provável das despesas que importa a demolição, se esta tiver sido requerida.

4 – A oposição fundada em que a demolição causará ao executado prejuízo consideravelmente superior ao que a obra causou ao exequente suspende a execução, em seguida à perícia, mesmo que o executado não preste caução.

3.1. Prestação de Facto Negativo

Como acima já havia sido explicado, a **prestação do facto negativo** tem como objeto uma omissão de ação ou a tolerância de uma atividade do credor ou do titular do direito.

Anselmo de Castro[48] faz uma distinção muito clara sobre este tipo de facto, referindo:

> *"A* ***prestação de facto negativo*** *ora pode ser representada por um puro não fazer ou abstenção (obrigação de non facere), ora por um não fazer associado a um consentir ou tolerar atos do credor ou do titular do direito (obrigações de pati). Deste último tipo é, por exemplo, o comum das servidões.*
>
> *Na generalidade dos casos a sua diferenciação da prestação de facto positivo apresenta-se com nitidez. Não faltam, porém, casos fronteiros em que a distinção pode apresentar-se duvidosa, o que não é sem interesse, dadas as particularidades diferentes das execuções correspondentes.".*

O objeto das execuções com base na violação de uma prestação de facto negativo é o facto positivo da reparação[49]. Isto porque o objeto da execução **não é a omissão**, mas ***as consequências da violação dessa omissão***[50].

3.1.1. Tramitação geral

Em sede de requerimento executivo, o exequente:

a) alega a **violação da obrigação de facto negativo;**

[48] Ibidem, p. 383.

[49] Cfr. Lebre de Freitas, in "*A Ação Executiva à luz do Código de Processo Civil de 2013*", 7.ª edição, GESTLEGAL, p. 465; Remédio Marques, ob. cit. pág. 442 e Lopes Cardoso, ob. cit. pág. 702.

[50] Cfr. "*Ação Executiva Singular*", 1998, p. 59.

b) pede a demolição da obra, caso a violação se tenha traduzido na sua construção;
c) a indemnização pelo dano sofrido, indemnização esta que pode acrescer ao pedido de demolição de obra;
d) a sanção pecuniária compulsória, no caso de se tratar de obrigação infungível;
e) a final requer a perícia ou vistoria, indicando logo o seu perito, para a hipótese de solicitar perícia colegial;
f) caso a violação não puder ser comprovada mediante perícia, o exequente deve indicar prova testemunhal ou outro meio de prova, conseguindo, nestas situações, que seja aplicada analogicamente a norma do artigo 715.º, do CPC, ou seja, em fase liminar anterior à liquidação[51] ou o regime do incidente de liquidação previsto no artigo 716.º, do Código de Processo Civil[52].

3.1.2. Admissibilidade do(s) Pedido(s) Executivo(s)

Do exposto nas alíneas a) a d), do subcapítulo **3.1.1.**, antecedente, se conclui que as alternativas dadas ao exequente são diferentes das permitidas em sede de execução para prestação de facto positivo.

Nesta execução, tal como defende ***Lopes Cardoso***[53], o exequente pode pedir a reparação "in natura" cumulada com a indemnização compensatória, posição à qual aderimos.

Em sentido divergente, podemos consultar ***Anselmo de Castro***[54], ***Rui Pinto***[55] e ***Remédio Marques***[56] que opinam no sentido de permitir que o exequente pode peticionar a reparação "*in natura*" somente quando a

[51] Cfr. Lebre de Freitas, in ibidem p. 467.
[52] V. Rui Pinto, in ibidem, p. 1233 e nota de rodapé 3584.
[53] In ob. cit. pág. 698 e 699.
[54] V. obr. citada, p. 383
[55] In ob. cit., p. 1230.
[56] In ob. cit. 443.

reparação é ainda possível, não lhe sendo permitido cumular a indemnização compensatória.

Todavia, nesta espécie de execução (prestação de facto negativo), o exequente não pode peticionar uma indemnização moratória porque não há mora do devedor/executado; o que existe é o não cumprimento definitivo, pois trata-se de uma prestação de conteúdo negativo, o que origina uma violação definitiva[57].

3.2. Exceção impeditiva da reparação "*in natura*"

Para além das situações em que o exequente apenas pretende a indemnização compensatória, a reparação "in natura" por si requerida pode não prosseguir.

Tal acontece quando a mesma é "*excessivamente onerosa para o devedor,*" facto este invocável em sede de embargos de executado – cfr. artigo 876.º, n.º 2, 2.ª parte, do Código de Processo Civil e artigos 566.º, n.º 1, e 829.º, n.º 2, ambos do Código Civil.

Nesse caso e também na hipótese de não existir **obra**, o exequente apenas poderá peticionar uma **indemnização compensatória** e também uma sanção pecuniária compulsória (veja-se, v.g., a violação do direito ao nome ou dos direitos de autor, uso ilegal de uma firma comercial ou de marca ou patente, além de outros).

3.3. Despacho Liminar Obrigatório

O processo executivo é concluso ao Juiz:

1) que profere despacho de indeferimento;
2) ou despacho de aperfeiçoamento;

[57] In Código Civil Anotado, 2.º Volume, Coimbra Editora, 4.ª edição, 1997, página 61.

3) ou *despacho de citação do executado*, que é **citado** para, no **prazo de 20 dias**, deduzir oposição à execução mediante embargos, e de determinação da realização da perícia;

No despacho que ordena a perícia, o juiz fixa o prazo para a sua conclusão, e faz expressa menção de que o(s) perito(s) devem(m) indicar logo a importância provável das despesas com a demolição, caso conclua(m) pela existência da violação (cfr. artigo 876.º, n.º 3, do Código de Processo Civil).

3.4. Fase dos Embargos

O executado deduz embargos de executado, com fundamento no disposto nos artigos 729.º a 731.º, do CPC, atendendo à espécie de título executivo dado à execução.

Pode também invocar como fundamento dos embargos **o facto de a demolição representar para ele (executado) prejuízo consideravelmente superior ao sofrido pelo exequente** (cfr. artigo 876.º, n.º 2, 2.ª parte, do Código de Processo Civil).

Nesta situação, a **execução suspende-se após a perícia**, sem que o executado tenha de prestar caução (v. artigo 876.º, n.º 4, do Código de Processo Civil).

Também em sede de execução para prestação de facto negativo se coloca a questão de o executado poder proceder à realização da reparação "in natura" depois de citado para os termos da execução.

Nesta sede, adotamos a mesma solução a que nos referimos no **subcapítulo 2.7.**, atendendo a que a reparação da violação de facto negativo se traduz na execução de um facto positivo, como já referimos acima, pelo que admitimos a possibilidade de o executado poder repor a situação inicial e/ou pagar a indemnização peticionada, dentro do prazo para deduzir os embargos de executado – **Esquema 5.8.**

3.5. Violação (ou não) da Prestação de "non facere"

Se o perito concluir pela existência da violação, deve indicar logo a *importância provável das despesas para se concretizar a demolição* (no caso de a demolição ter sido pedida) – v. artigo 876, n.º 3, do Código de Processo Civil.

O processo vai concluso ao juiz, de modo a ser reconhecida a violação da obrigação do facto negativo, determinando a demolição da obra à custa do executado e a indemnização do exequente, assim como a sanção pecuniária compulsória (v. artigo 877.º, n.º 1, do Código de Processo Civil).

No caso de o juiz não reconhecer a violação da obrigação de facto negativo, o agente de execução deve extinguir a execução.

Sendo reconhecida a violação da obrigação de facto negativo, a execução prosseguirá de acordo com os artigos 869.º a 873.º, do Código de Processo Civil, como iremos referir de seguida.

3.6. Despacho Liminar e posterior verificação da Violação da Obrigação "de pati"

1) no requerimento inicial, o exequente pode pedir atos de assistência judicial à realização da obra, a **indemnização pelo dano sofrido** e/ou uma sanção pecuniária compulsória (cfr. artigo 876, n.º 1, als. b) e c), do Código de Processo Civil);
2) e indica perito ou peritos e outros meios de prova[58], v.g., testemunhas[59].

O processo executivo é concluso ao juiz, que profere:

a) despacho de indeferimento;
b) ou despacho de aperfeiçoamento;
c) ou *despacho para citação do executado*, que é **citado** para, no **prazo de 20 dias**, deduzir oposição à execução mediante embargos, de

[58] V. Anselmo de Castro, in ibidem p. 386.
[59] Cfr. Lebre de Freitas, in ibidem p. 467.

acordo com o artigo 729.º e seguintes, do Código de Processo Civil, *e para designar data para inquirição de testemunhas* (cfr. Anselmo de Castro[60]).

Se o executado pagar a indemnização peticionada no decurso do prazo para instauração de embargos, o processo executivo será extinto.

Depois de inquiridas as testemunhas, o processo vai concluso ao juiz para se pronunciar sobre a violação da prestação.

O juiz, depois de reconhecer da violação da prestação do facto, irá determinar os atos de assistência judicial[61] à realização dessa prestação, o pagamento da indemnização ao exequente, assim como o pagamento da sanção pecuniária compulsória, caso tenha sido pedida (v. artigo 877.º, n.º 1, do Código de Processo Civil).

De seguida, a ação executiva prossegue de acordo com o disposto no artigo 869.º, que remete para a norma do artigo 867.º, ambos do Código de Processo Civil.

Na situação em que o juiz não reconhece a violação da obrigação de facto negativo, a execução será extinta.

3.7. Divergências Relevantes

Quando é apresentada ação executiva para prestação de facto negativo com base em sentença, há que averiguar se o pedido deduzido no requerimento executivo se encontra abrangido pela condenação.

Por exemplo, uma sentença condenatória de reconhecimento de um direito real, designadamente um direito de propriedade, um direito de servidão de passagem ou de vistas, com a condenação do réu se abster da prática de qualquer facto que impeça ou limite o exercício do direito reconhecido, pode constituir título executivo válido para o pedido de demolição de qualquer obra, construída posteriormente à prolação de tal sentença e que dificulte o exercício desse direito?

[60] Ibidem, p. 386.

[61] V. Anselmo de Castro, in obr. cit., p. 386.

Para ***Rui Pinto***[62] "*a sentença de condenação no cumprimento de uma prestação negativa pode servir de base à imposição forçada de uma ulterior prestação positiva em repristinação.*

Está-se em plena função declarativa do tribunal, i. e., de acertamento das pretensões do credor sem que, porém, estas tenham suporte imediato no título executivo. Ora, em mais que uma vez a lei admite que esse acertamento possa ter lugar aquando da execução: os pedidos previstos no artigo 876.º do Código de Processo Civil (repristinação e pagamento de indemnização e sanção pecuniária compulsória) bem poderiam ser objeto de autónoma ação de condenação. No entanto, a prévia existência de título executivo torna esta desnecessária. Na mesma linha de economia processual vários preceitos mostram, em acréscimo, que o objeto da execução pode ser mais vasto que o objeto do título ou, maxime, a cumulação de uma nova pretensão, indemnizatória e como sanção pecuniária compulsória (art. 868.º, n.º 1 Código de Processo Civil) e a convolação de uma prestação, ainda que imposta por sentença – assim, os art. 867.º e 869.º Código de Processo Civil."

Também neste sentido, podemos ver ***Remédio Marques***[63], que passamos a citar: "*Nestes termos, quem praticar o facto que se tenha obrigado a não praticar (ou fora condenado a não praticar) incorre em responsabilidade por perdas e danos pelo prejuízo sofrido pelo exequente, pagamento de eventual sanção pecuniária compulsória decretada em anterior ação declarativa, cumulado ou não com a demolição da obra feita ilicitamente.*"

Contudo, salvo o devido respeito, divergimos desta orientação doutrinária.

De facto, se a sentença não contemplar a condenação de o executado em não realizar uma concreta obra, o exequente não pode pedir a sua demolição, já que para esse pedido não dispõe de título executivo suficiente.

Pese embora exista um título executivo extrinsecamente válido (sentença judicial condenatória ou homologatória de transação), a prestação de facto negativo, ou melhor, a obrigação de não construção da obra cuja demolição é pretendida pelo exequente, não decorre diretamente da

[62] In obr. cit., p. 1233.

[63] V. obr. cit., p. 442 e 443.

sentença e, por isso, tal pedido não se mostra abrangido pelo âmbito do caso julgado, o que invalida que se possa entender que o executado tenha sido implicitamente condenado na não realização desse facto.

Deste modo, apesar de a sentença ser um título executivo extrinsecamente válido, não é dotada de exequibilidade intrínseca para o pedido feito pelo exequente, pelo que não constitui título executivo bastante para suportar a pretensão por este deduzida, no que concerne à demolição da concreta obra apontada.

Neste caso, o exequente terá de intentar a prévia ação declarativa contraditória, a fim de obter a definição ou a concretização da violação ou limitação do exercício do seu direito e só com base na sentença aí proferida poderá intentar a correspondente ação executiva, que poderá assumir-se como execução para prestação de facto positivo.

3.8. Jurisprudência Selecionada

Supremo Tribunal de Justiça 25.11.1993 – Machado Soares – www.dgsi.pt:

I – A alínea a) do artigo 813.º do Código de Processo Civil tem de entender-se rigidamente, não permitindo interpretação extensiva.

II – Por isso, baseando-se a ação executiva em decisão dos tribunais a divergência entre o pedido e o título não pode servir de fundamento a oposição por embargos.

III – Na execução para prestação de facto negativo, pela natureza das coisas, a violação é sempre comprovada na própria execução. A comprovação não terá que ser necessariamente feita através de exame ou vistoria, podendo em certos casos fazer-se por meio de testemunhas.

IV – O conceito de inexigibilidade pressupõe a existência da obrigação.

Supremo Tribunal de Justiça 30.06.1998 – Machado Soares – www.dgsi.pt:

I – A decisão que decreta o embargo de obra nova assume a feição de um verdadeiro título executivo, que incorpora uma obrigação de prestação de facto de natureza negativa (obrigação de "non facere"), devendo a respetiva execução ser processada nos próprios autos do incidente mediante requerimento do requerente e não através de ação executiva, aquela que segue os trâmites próprios da execução para prestação de facto.

II – As decisões dos Tribunais são para cumprir e, assim é, mesmo quando determinem a demolição de obras.

Relação do Porto 18.01.2000 – Lemos Jorge – www.dgsi.pt

I – A sentença que reconheceu ao proprietário dominante a existência de uma servidão de passagem é título executivo bastante da execução, para prestação de facto negativo, proposta contra o proprietário serviente que, no leito da servidão, teria, alegadamente, implantado árvores impedindo ou dificultando o trânsito.

II – Embora a sentença não condene no arrancamento das árvores, este justifica-se para ser reposta a servidão na situação anterior à plantação.

Relação do Porto – 17.12.2002 – Marques Castilho – www.dgsi.pt:

Se o facto criado pela violação de uma obrigação de "non facere" originou uma situação não passível de remoção ou insuscetível de ser reparada "in natura", o objeto da execução só pode ser a indemnização compensatória de acordo com o artigo 566.º, n.º 1 do Código Civil e a eventual quantia correspondente à sanção pecuniária compulsória.

Relação de Guimarães 19.11.2003 – Rosa Tching – www.dgsi.pt:

– A condenação dos réus a não impedirem a realização de obra nova ou de reparação implica uma obrigação de prestação de facto negativo, na modalidade de obrigação de tolerância ou deixar fazer (obrigação de pati).

– O processo próprio para executar este tipo de obrigação é o de execução para prestação de facto negativo, nos termos previstos nos arts. 941.º e 942.º do Código de Processo Civil.

Relação do Porto 08.03.2007 – Deolinda Varão – CJ-II-157:

A sentença, em que tão só reconheceu a existência de um direito de servidão de vistas, não constitui título executivo bastante para, em execução direta daquela, se obter a demolição de obra que, edificada posteriormente, é alegadamente violadora daquele direito.

Relação de Guimarães 23.10.2012 – Manuela Bento Fialho – www.dgsi.pt:

Verificado o incumprimento da obrigação de non facere, pode o exequente requerer, no âmbito da execução para prestação de facto negativo, a fixação de sanção pecuniária compulsória.

Relação de Guimarães 14.02.2013 – Rosa Tching – www.dgsi.pt:

I – Pretendendo-se uma prestação de facto negativo, isto é que os executados, respeitando a decisão judicial, deixem de passar pelo mencionado caminho, logo se verifica que nem lei, nem negócio jurídico, sustentam a necessidade de intervenção de outros que não sejam a daqueles de quem se quer que se abstenham de praticar esses atos.

Relação do Porto: 12.01.2015 – Carlos Querido – CJ-I-297:

I – Na execução por violação da obrigação quando esta tenha por objeto um facto negativo, como sucede com a obrigação de não fazerem qualquer utilização do muro do prédio vizinho, designadamente não construindo currais de animais junto da parede desse mesmo muro, essa situação tem de ser verificada por prova pericial.

II – No caso do exequente não requerer essa verificação por prova pericial, deve o tribunal ordenar oficiosamente a mesma.

Artigo 877.º
Termos subsequentes

1 – Se o juiz reconhecer a falta de cumprimento da obrigação ordena a demolição da obra à custa do executado e a indemnização do exequente, ou fixa apenas o montante desta última, quando não haja lugar à demolição.

2 – Seguem-se, depois, com as necessárias adaptações, os termos prescritos no artigo 869.º a 873.º.

3.9. Fase Executiva da Prestação do Facto Negativo

Este normativo legal determina duas possíveis situações no caso de o juiz julgar verificada a violação do facto negativo:

1.º – a ordem de demolição da obra à custa do executado, a que acresce a indemnização pelo dano da violação;
2.º – a indemnização ao exequente.

3.10. Demolição da Obra

Na 1.ª situação, temos de aplicar os artigos 870.º a 873.º, do Código de Processo Civil, ou seja, a execução passa a seguir os termos da execução para prestação de facto positivo.

O que vale por dizer que, em momento anterior, o exequente apresentou requerimento ao processo, pedindo a nomeação de perito para avaliar o custo da prestação.

Fixado o seu custo, procedeu-se à execução do património do executado para assegurar este valor e as custas prováveis da execução.

Segue-se, então, a fase extrajudicial da prestação, no âmbito da qual o exequente ou alguém sob a sua direção ou vigilância procede à demolição da obra.

Finda esta fase, o exequente necessita de, para obter a entrega do valor do custo da prestação assegurado no processo pela execução a que faz referência o artigo 870.º, n.º 2, do Código de Processo Civil, deduzir o incidente de prestação de contas, onde peticiona ainda a liquidação da indemnização, caso esta se cumule com a demolição da obra.

Para a tramitação concreta a seguir, ver o subcapítulo **2.18.** e seguintes.

3.11. Indemnização compensatória ao Exequente

Na 2.ª situação, determinado pelo juiz o pagamento da indemnização ao exequente, terá este de deduzir o incidente de liquidação nos termos já referidos nos **subcapítulos 2.15.** e **2.16.** E depois de apurado o valor da aludida indemnização, o processo prossegue seguindo a tramitação da execução para pagamento de quantia certa.

3.12. Jurisprudência Selecionada

Relação de Lisboa 29.04.1993 – Loureiro da Fonseca – www.dgsi.pt:

O empenho do embargante no cumprimento da sentença em que se baseia a execução não é relevante como fundamento de oposição à execução.

A insuficiência do prazo indicado pelo exequente para a efetivação de obras a que o executado está obrigado por sentença, não é fundamento de oposição à execução, porque não é um dos fundamentos taxativamente indicados para tal oposição, além do que, nos termos da lei, o exequente indica o prazo que reputa suficiente, o executado diz o que se lhe oferecer sobre ele, sendo o juiz que fixa o prazo.

Para que qualquer dos factos extintivos da obrigação possa servir de fundamento da oposição à execução, é necessário que se tenha verificado antes da ação executiva ter sido proposta.

Relação de Lisboa 08.02.2007 – Ezagüy Martins – www.dgsi.pt:

I – Em execução para prestação de facto negativo, a verificação da violação deverá preceder a liquidação da obrigação de indemnização, prevista no art. 805.º do Código de Processo Civil.

II – Liquidado, em requerimento executivo, um montante indemnizatório global, e ocorrendo falta de título executivo relativamente à indemnização reportada a alguns danos considerados, nunca a ausência de discriminação de valores indemnizatórios relativos à parte dos danos cuja indemnização se mostre contemplada no título pode determinar o indeferimento liminar total da execução.

III – Nada obstará, nesse caso, a que o tribunal fixe, adentro o referido montante global, o *quantum* indemnizatório relativo aos danos que, em necessário prosseguimento da execução, resultem comprovados, de entre os que abrangidos não hajam sido pelo despacho de indeferimento liminar parcial.

Capítulo IV
Sistematização das Causas de Extinção da Execução para Prestação de Facto

4.1. Causas Gerais de Extinção da Ação Executiva

1.ª – Recusa do requerimento executivo pela secretaria ou pelo agente de execução, caso o exequente não supra os vícios no prazo de 10 dias – artigos 725.º e 850.º, do Código de Processo Civil, aplicáveis a esta modalidade de execução por força do disposto no artigo 551.º, do citado diploma legal.

2.ª – Decorridos 30 dias da notificação ao exequente para pagar as quantias devidas ao Agente de Execução – artigo 721.º, n.º 3, aplicável "ex vi" artigo 551.º, ambos do Código de Processo Civil.

3.ª – Execução parada por mais de 6 meses por negligência do exequente – artigo 281.º, n.º 5, sem possibilidade de renovação da instância nos termos do disposto no artigo 850.º, n.º 5 (deserção da instância), do Código de Processo Civil.

4.ª – Deficiências do requerimento executivo não supridas após despacho judicial para o efeito – artigo 734.º, aplicável a esta espécie de execução por força do disposto no artigo 551.º, ambos do Código de Processo Civil.

5.ª – Desistência deduzida pelo exequente por força do disposto no artigo 848.º, do Código de Processo Civil, aplicável "ex vi" artigo 551.º, n.º 2, do Código de Processo Civil.

6.ª – Desistência do pedido formulada pelo exequente nos termos do disposto no artigo 283.º, n.º 1, do Código de Processo Civil.

7.ª – Por transação celebrada entre as partes – artigo 283.º, n.º 2, do Código de Processo Civil.

8.ª – Procedência dos embargos de executado – artigo 732.º, n.º 4, do Código de Processo Civil.

9.ª – Executada com PER e, homologado o plano de recuperação, este não preveja o prosseguimento da execução, conquanto o crédito exequendo seja anterior à data da nomeação de administrador provisório – artigo 17.º-E, n.º 1, do C.I.R.E..

10.ª – Executado com PEAP e homologado o plano de pagamento, este não preveja o prosseguimento da execução, conquanto o crédito exequendo seja anterior à data da nomeação de administrador provisório – artigo 222.º-E, n.º 1, do C.I.R.E..

11.ª – Executado insolvente, em que o processo de insolvência é encerrado por insuficiência da massa ou depois do rateio final – artigos 88.º, n.º 3, e 230.º, n.º 1, alíneas a) e d), do C.I.R.E..

4.2. Causas Específicas de Extinção da Ação Executiva Para Prestação de Facto

12.ª – Realização espontânea da prestação pelo executado, quer na execução para prestação de facto positivo, quer na execução para prestação de facto negativo.

13.ª – Desistência deduzida pelo exequente nos termos previstos no artigo 873.º, do Código de Processo Civil, com a possibilidade de renovação da instância nos termos previstos no artigo 850.º, n.º 5, do mesmo diploma legal.

14.ª – Na **fase da execução prevista no artigo 870.º, n.º 2,** do Código de Processo Civil:

a) quando tenha ocorrido execução anterior sem pagamento integral, frustrando-se a procura de bens penhoráveis, e o exequente não indique bens concretos à penhora em 10 dias, depois de notificado para o efeito – artigo 748.º, n.º 3, do Código de Processo Civil;

b) quando não forem encontrados bens penhoráveis nos prazo de 3 meses a contar do disposto no artigo 748.º, n.º 1, e exequente e executado não indiquem, no prazo de 10 dias, bens à penhora (agora exequente e executado são notificados em simultâneo para indicarem os bens e a citação edital do executado pode ser dispensada, caso o exequente não indique bens à penhora) – artigo 750.º, n.os 1 e 2, do Código de Processo Civil.

15.ª – Nas **execuções previstas nos artigos 869.º e 872.º, n.º 2,** do Código de Processo Civil:

a) quando tenha ocorrido execução anterior sem pagamento integral, frustrando-se a procura de bens penhoráveis, e o exequente não indique bens concretos à penhora em 10 dias, depois de notificado para o efeito – artigo 748.º, n.º 3, do Código de Processo Civil;
b) quando não forem encontrados bens penhoráveis nos prazo de 3 meses a contar do disposto no artigo 748.º, n.º 1, e exequente e executado não indiquem, no prazo de 10 dias, bens à penhora (agora exequente e executado são notificados em simultâneo para indicarem os bens e a citação edital do executado pode ser dispensada, caso o exequente não indique bens à penhora) – artigo 750.º, n.os 1 e 2, do Código de Processo Civil;
c) no caso de penhora de rendas, abonos, vencimentos ou salários – artigo 779.º, n.ºs 3 e 4, do Código de Processo Civil;
d) sustação integral da execução por existência de penhora anterior – artigo 794.º, n.º 4, sem prejuízo de se renovar a mesma nos termos do artigo 850.º, n.º 5, do Código de Processo Civil;
e) adjudicação de direito de crédito ao exequente e a execução não deva prosseguir quanto a outros bens – 799.º, n.º 6, do Código de Processo Civil;
f) pagamento parcial da quantia exequenda e após decorridos 3 meses sem serem identificados bens penhoráveis, aplicar o artigo 750.º, por força do artigo 797.º, do Código de Processo Civil;

g) pagamento em prestações da quantia exequenda – artigo 806.º, n.º 2, sem prejuízo do disposto no artigo 850.º, n.º 5, do Código de Processo Civil;

h) acordo global de pagamento entre exequente, executado e credores reclamantes – artigo 810.º, remetendo para os artigos 806.º e 807.º, do Código de Processo Civil;

i) pagamento voluntário – artigo 846.º, do Código de Processo Civil.

As causas de extinção da execução elencadas sob o n.º 15.º, alíneas c) a i), não se aplicam à execução prevista no artigo 870.º, n.º 2, do Código de Processo Civil, uma vez que esta execução tem caráter acessório ou instrumental da execução para prestação de facto.

Como já vimos, a execução para prestação de facto não se extingue quando é conseguido o valor do custo da prestação, já que a fase que se segue é a da prestação de facto por outrem ou fase extrajudicial da execução para prestação de facto.

O valor obtido fica depositado na conta cliente do agente de execução, aguardando que o exequente dê cumprimento às fases seguintes da execução da prestação de facto (fase extrajudicial e prestação de contas).

Tais causas de extinção (elencadas sob o n.º 15, als. c) a i)) já se aplicam à execução prevista no artigo 869.º, do Código de Processo Civil, uma vez que a execução se converteu definitivamente na execução para pagamento de quantia certa, sendo este valor o correspondente à indemnização do dano sofrido.

E também se aplicam à execução prevista no artigo 872.º, n.º 2, do Código de Processo Civil, uma vez que nesta fase já se encontra prestado o facto e aprovadas as contas, pretendendo o exequente o pagamento do valor que efetivamente despendeu com a sua realização, quando este é superior ao apurado em sede de avaliação do custo da prestação.

4.3. Extinção na Execução para Prestação de Facto Negativo

Na execução para prestação de facto negativo, não perfilhamos do entendimento manifestado por ***Anselmo de Castro***.

Para este autor, a execução para prestação de facto negativo nunca poderá ser extinta, porquanto a instância executiva pode vir a ser renovada, salvo quando pela natureza da prestação, a obrigação não possa vir a sofrer novas violações[64].

Não entendemos que assim seja.

Com efeito, a execução para prestação de facto negativo é instaurada com alegação de uma concreta violação da obrigação de facto negativo.

Reparada tal violação na pendência da execução, voluntariamente pelo executado ou coercivamente, através da demolição da obra ou pelo pagamento da indemnização, o processo extinguir-se-á.

A ocorrer nova violação da prestação de facto negativo, terá de ser intentada nova ação executiva, ainda que a infração seja igual à que esteve na base da anterior execução.

[64] In Anselmo de Castro, "*A Ação Executiva Singular, Comum e Especial*", 3ª edição Coimbra Editora Limitada, 1977, p. 386.

Capítulo V
Esquematização da Execução para Prestação de Facto e seus Incidentes

Esquema 5.1

Execução Para Prestação de Facto Positivo Fungível com Prazo Fixado no Título Executivo

Requerimento Executivo
Exequente pode pedir:

1) Prestação do facto por outrem
(com ou sem indemnização moratória)

ou

2) Indemnização compensatória
(dano sofrido com a não realização da prestação)

1) *Prestação do Facto por outrem com ou sem indemnização moratória*

Despacho liminar do juiz:

- Indeferimento liminar
- aperfeiçoamento
- Citação do executado para em 20 dias deduzir oposição (o executado não é citado para prestar o facto)

Findo o prazo para intentar embargos sem que tenham sido deduzidos, ou mesmo que tenham sido deduzidos, foram julgados improcedentes, o exequente pode:

Pedir a conversão da execução para pagamento da indemnização pelo dano sofrido = indemnização compensatória – art. 869 CPC	ou	Reiterar o pedido de prestação do facto por outrem – art. 870 CPC

Prestação do facto por outrem:

↓

Juiz:
- procede à nomeação de perito;
- e fixa o prazo da realização da perícia que, habitualmente, é singular

Nesta fase, o exequente tem duas opções

Espera pela conclusão da avaliação do custo da prestação e respetiva execução – 870/2 CPC	Não espera pela conclusão da avaliação do custo da prestação e respetiva execução – 871/1 CPC
↓	↓
Concluída a perícia, o processo vai concluso ao juiz para: • fixar o custo da prestação; • ordenar o prosseguimento do processo para execução para pagamento de quantia certa – art. 870/2; • *advertência ao AE de que o valor apurado só será entregue depois de prestadas e aprovadas as contas*	**O exequente:** • faz ou manda fazer sob a sua orientação e vigilância as obras ou trabalhos necessários para a prestação do facto; • concluída a prestação, presta contas ao juiz – art. 871/1 CPC; • aprovadas as contas, prossegue a execução para pagamento de quantia certa – art. 870/2 CPC

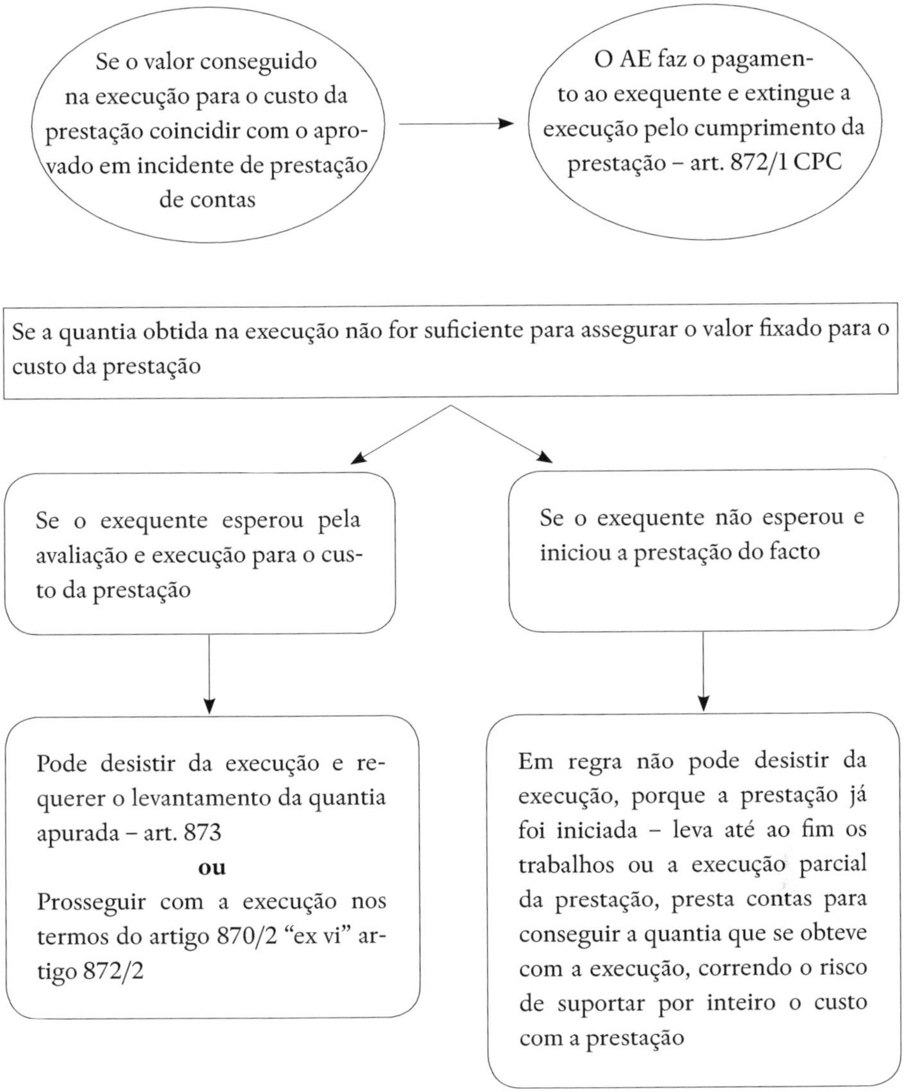
Se o valor conseguido na execução para o custo da prestação coincidir com o aprovado em incidente de prestação de contas
O AE faz o pagamento ao exequente e extingue a execução pelo cumprimento da prestação – art. 872/1 CPC
Se a quantia obtida na execução não for suficiente para assegurar o valor fixado para o custo da prestação
Se o exequente esperou pela avaliação e execução para o custo da prestação
Se o exequente não esperou e iniciou a prestação do facto
Pode desistir da execução e requerer o levantamento da quantia apurada – art. 873
ou
Prosseguir com a execução nos termos do artigo 870/2 "ex vi" artigo 872/2
Em regra não pode desistir da execução, porque a prestação já foi iniciada – leva até ao fim os trabalhos ou a execução parcial da prestação, presta contas para conseguir a quantia que se obteve com a execução, correndo o risco de suportar por inteiro o custo com a prestação

2) *Exequente opta pela indemnização compensatória no início ou no momento em que é possível a conversão da execução – art. 869 CPC*

Exequente deduz **incidente de liquidação** do valor da indemnização compensatória – art. 358, 360, 716 e 867 CPC

- Indica os danos sofridos e o seu valor
- Pede o seu pagamento ao executado
- Junta o comprovativo do pagamento da taxa de justiça

O executado é notificado para, em 20 dias:
- opor-se ao incidente de liquidação nos próprios autos, com a cominação de que, na sua falta, a obrigação se considera fixada nos termos requeridos pelo exequente

Executado deduz contestação → O incidente segue os termos do processo declarativo até à prolação de sentença – art. 360 CPC

O executado não deduz contestação → O juiz fixa o valor nos termos requeridos pelo exequente

Feita a liquidação, prossegue a execução para pagamento de quantia certa para obtenção do valor apurado em sede de liquidação – art. 867 CPC.

Esquema 5.2

Embargos de Executado na Execução para a Prestação de Facto Positivo

Sentença (com ou sem prazo da prestação fixado)

Fundamentos:
art. 729 + 868/2 CPC

Outros títulos com ou sem prazo da prestação fixado

Fundamentos:
art. 729 + 730 + 731 + 868/2 CPC

Efeito suspensivo dos embargos de executado – art. 733/1 CPC

Título executivo sem prazo fixado no título

Depois de judicialmente fixado o prazo, o executado é notificado novamente nos termos e para os efeitos dos art. 868 a 873 CPC

Pode deduzir novamente embargos de executado com os seguintes fundamentos:
- ilegalidade do pedido de prestação da obrigação por outrem;
- qualquer facto ocorrido posteriormente à notificação do art. 874 que seja motivo legítimo de oposição à execução – art. 729, 730, 731 e 868/2 CPC

Esquema 5.3

Execução Para Prestação de Facto Positivo Infungível com Prazo Fixado no Título Executivo

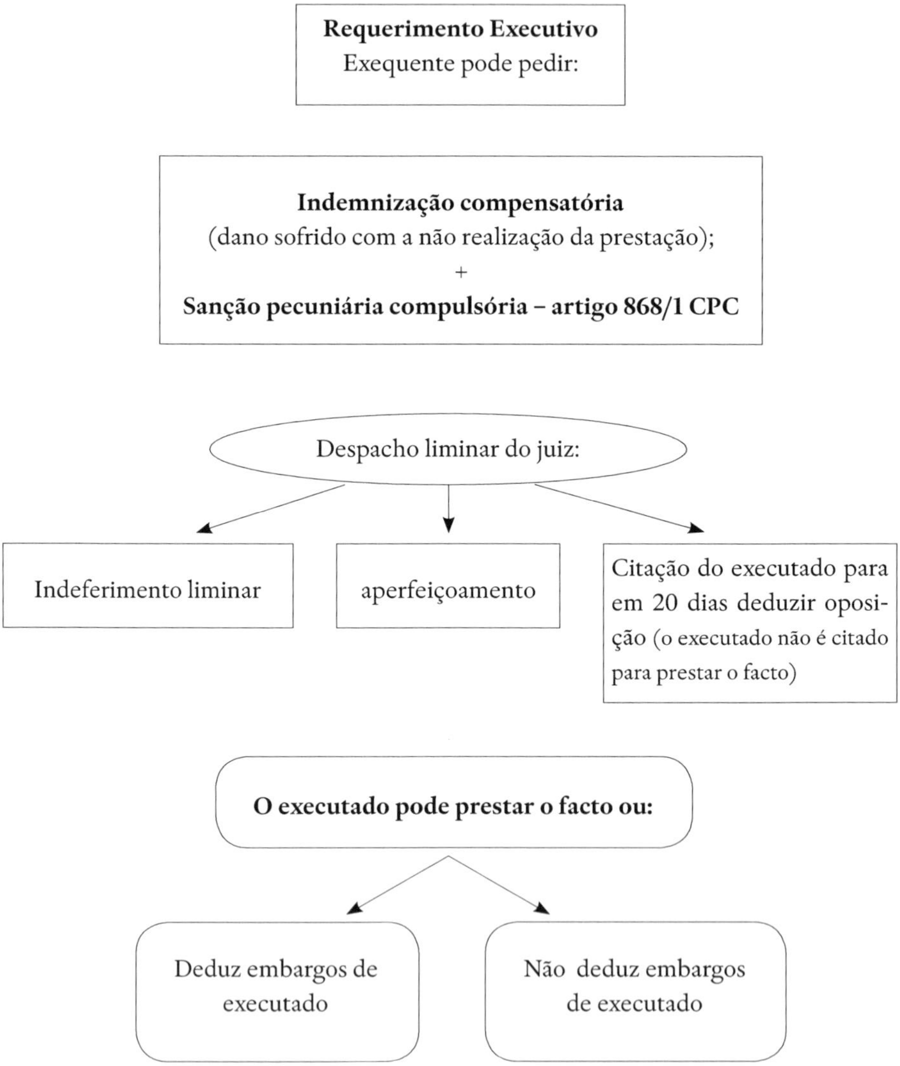

Sendo julgados improcedentes os embargos, o Exequente deduz **incidente de liquidação** do valor da indemnização compensatória – art. 358, 360, 716 e 867 CPC

Indica os danos sofridos e o seu valor

Pede o seu pagamento ao executado

Junta o comprovativo do pagamento da taxa de justiça

O executado é notificado para, em 20 dias:
- opor-se ao incidente de liquidação nos próprios autos, com a cominação de que, na sua falta, a obrigação se considera fixada nos termos requeridos pelo exequente

Executado deduz contestação

O executado não deduz contestação

O incidente segue os termos do processo declarativo até à prolação de sentença – art. 360 CPC

O juiz fixa o valor nos termos requeridos pelo exequente

Feita a liquidação, prossegue a execução para pagamento de quantia certa para obtenção do valor apurado em sede de liquidação – art. 867 CPC.

Esquema 5.4

Execução Para Prestação de Facto Positivo Fungível sem Prazo Fixado no Título Executivo

Requerimento Executivo
Exequente pode pedir:

1) Prestação do facto por outrem
(com ou sem indemnização moratória)

ou

2) Indemnização compensatória
(dano sofrido com a não realização da prestação)

+

- Indica o prazo que reputa como necessário para a prestação da obrigação;
- requer que o executado seja citado para em 20 dias dizer o que se lhe oferecer quanto ao prazo, a fim de este ser judicialmente fixado – art. 874/1 CPC

1) *Prestação do Facto por outrem com ou sem indemnização moratória*

Despacho liminar do juiz:

- Indeferimento liminar
- aperfeiçoamento
- Citação do executado para em 20 dias deduzir oposição e para se pronunciar sobre o prazo (o executado não é citado para prestar o facto)

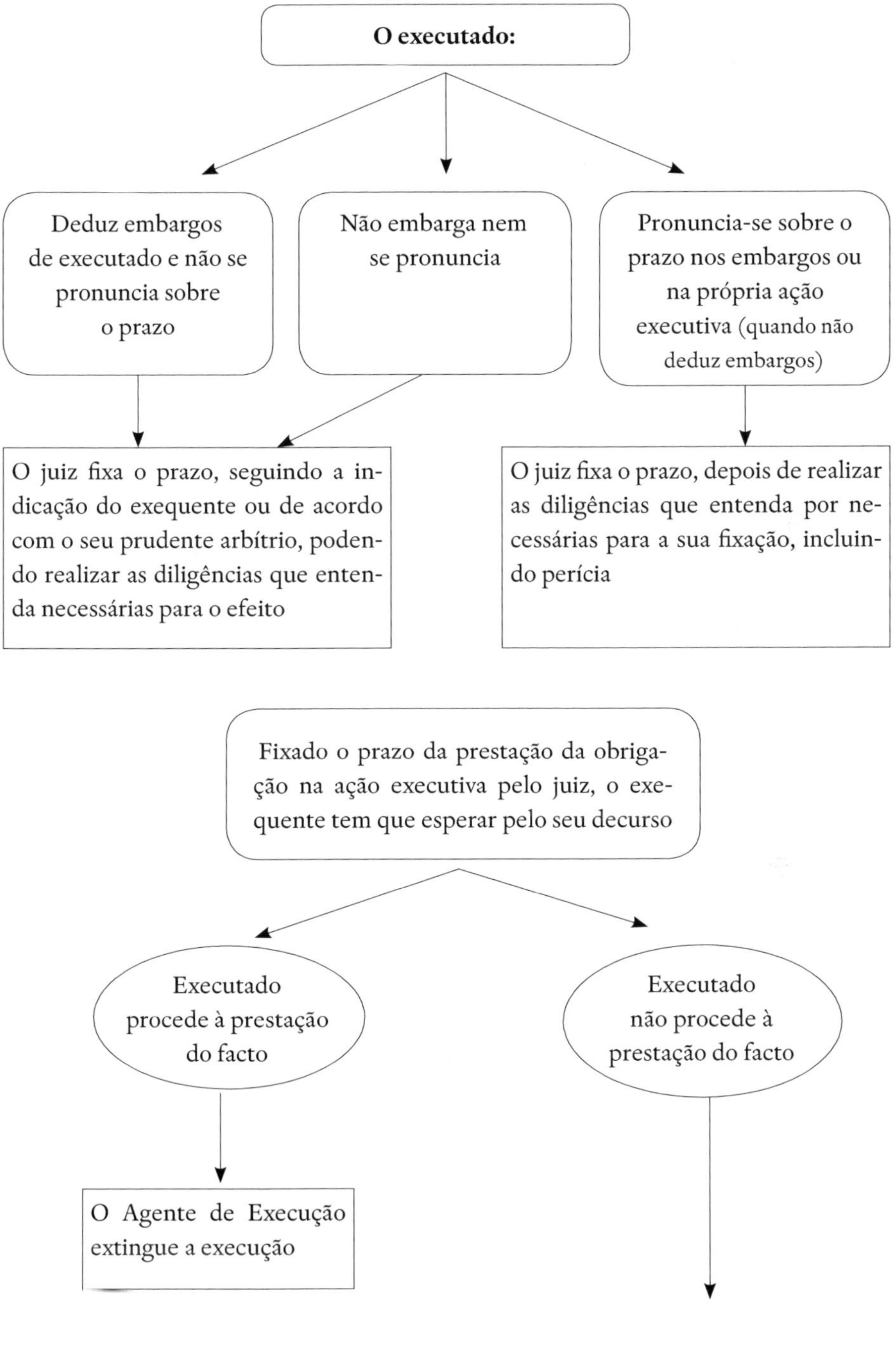
O executado:
Deduz embargos de executado e não se pronuncia sobre o prazo
Não embarga nem se pronuncia
Pronuncia-se sobre o prazo nos embargos ou na própria ação executiva (quando não deduz embargos)
O juiz fixa o prazo, seguindo a indicação do exequente ou de acordo com o seu prudente arbítrio, podendo realizar as diligências que entenda necessárias para o efeito
O juiz fixa o prazo, depois de realizar as diligências que entenda por necessárias para a sua fixação, incluindo perícia
Fixado o prazo da prestação da obrigação na ação executiva pelo juiz, o exequente tem que esperar pelo seu decurso
Executado procede à prestação do facto
Executado não procede à prestação do facto
O Agente de Execução extingue a execução

E findo o prazo para intentar embargos sem que tenham sido deduzidos, ou mesmo que tenham sido deduzidos, foram julgados improcedentes, o exequente pode:

Pedir a conversão da execução para pagamento da indemnização pelo dano sofrido = indemnização compensatória – art. 869 CPC

ou

Optar pela prestação de facto por outrem – art. 870 CPC

Prestação do facto por outrem:

Juiz:
- procede à nomeação de perito;
- e fixa o prazo da realização da perícia que, habitualmente, é singular

Nesta fase, o exequente tem duas opções:

Espera pela conclusão da avaliação do custo da prestação e respetiva execução – 870/2 CPC

Não espera pela conclusão da avaliação do custo da prestação e respetiva execução – 871/1 CPC

Concluída a perícia, o processo vai concluso ao juiz para:
- fixar o custo da prestação;
- ordenar o prosseguimento do processo para execução para pagamento de quantia certa – art. 870/2;
- *advertência ao AE de que o valor apurado só será entregue depois de prestadas e aprovadas as contas*

O exequente:
- faz ou manda fazer sob a sua orientação e vigilância as obras ou trabalhos necessários para a prestação do facto;
- concluída a prestação, presta contas ao juiz – art. 871/1 CPC;
- aprovadas as contas, prossegue a execução para pagamento de quantia certa – art. 870/2 CPC

Se o valor conseguido na execução para o custo da prestação coincidir com o aprovado em incidente de prestação de contas

→

O AE faz o pagamento ao exequente e extingue a execução pelo cumprimento da prestação – art. 872/1 CPC

Se a quantia obtida na execução não for suficiente para assegurar o valor fixado para o custo da prestação

Se o exequente esperou pela avaliação e execução para o custo da prestação ↓

Se o exequente não esperou e iniciou a prestação do facto ↓

Pode desistir da execução e requerer o levantamento da quantia apurada – art. 873

ou

Prosseguir com a execução nos termos do artigo 870/2 "ex vi" artigo 872/2

Em regra não pode desistir da execução porque a prestação já foi iniciada – leva até ao fim os trabalhos ou a execução parcial da prestação, presta contas para conseguir a quantia que se obteve com a execução, correndo o risco de suportar por inteiro o custo com a prestação

2) *Exequente opta pela indemnização compensatória no início ou no momento em que é possível a conversão da execução – art. 869 CPC*

Exequente deduz **incidente de liquidação** do valor da indemnização compensatória – art. 358, 360, 716 e 867 CPC

Indica os danos sofridos e o seu valor

Pede o seu pagamento ao executado

Junta o comprovativo do pagamento da taxa de justiça

O executado é notificado para, em 20 dias:

– opor-se ao incidente de liquidação nos próprios autos, com a cominação de que na sua falta, a obrigação se considera fixada nos termos requeridos pelo exequente

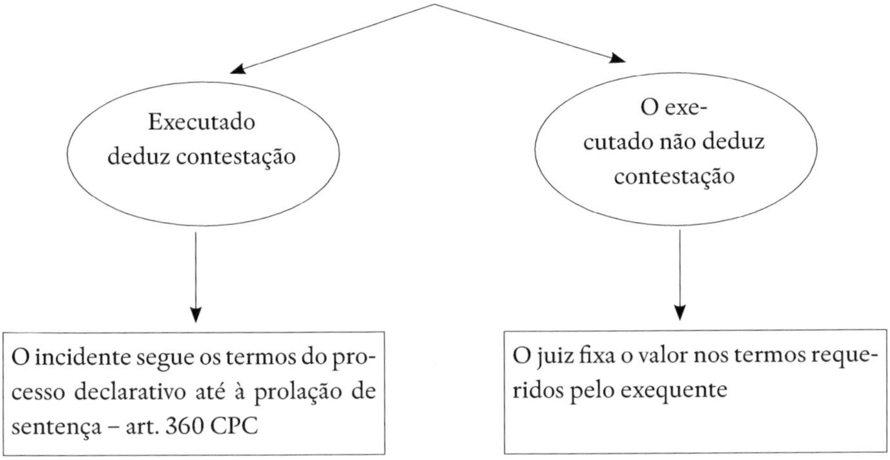

Feita a liquidação, prossegue a execução para pagamento de quantia certa para obtenção do valor apurado em sede de liquidação – art. 867 CPC.

Esquema 5.5

Execução Para Prestação de Facto Positivo Infungível sem Prazo Fixado no Título Executivo

Requerimento Executivo
Exequente pode pedir:

Indemnização compensatória
(dano sofrido com a não realização da prestação);
+
Sanção pecuniária compulsória

+

- Indica o prazo que reputa como necessário para a prestação da obrigação;
- requer que o executado seja citado para em 20 dias dizer o que se lhe oferecer quanto ao prazo, a fim de este ser judicialmente fixado – art. 874/1 CPC

Despacho liminar do juiz:

- Indeferimento liminar
- aperfeiçoamento
- Citação do executado para em 20 dias deduzir oposição e para se pronunciar sobre o prazo (o executado não é citado para prestar o facto)

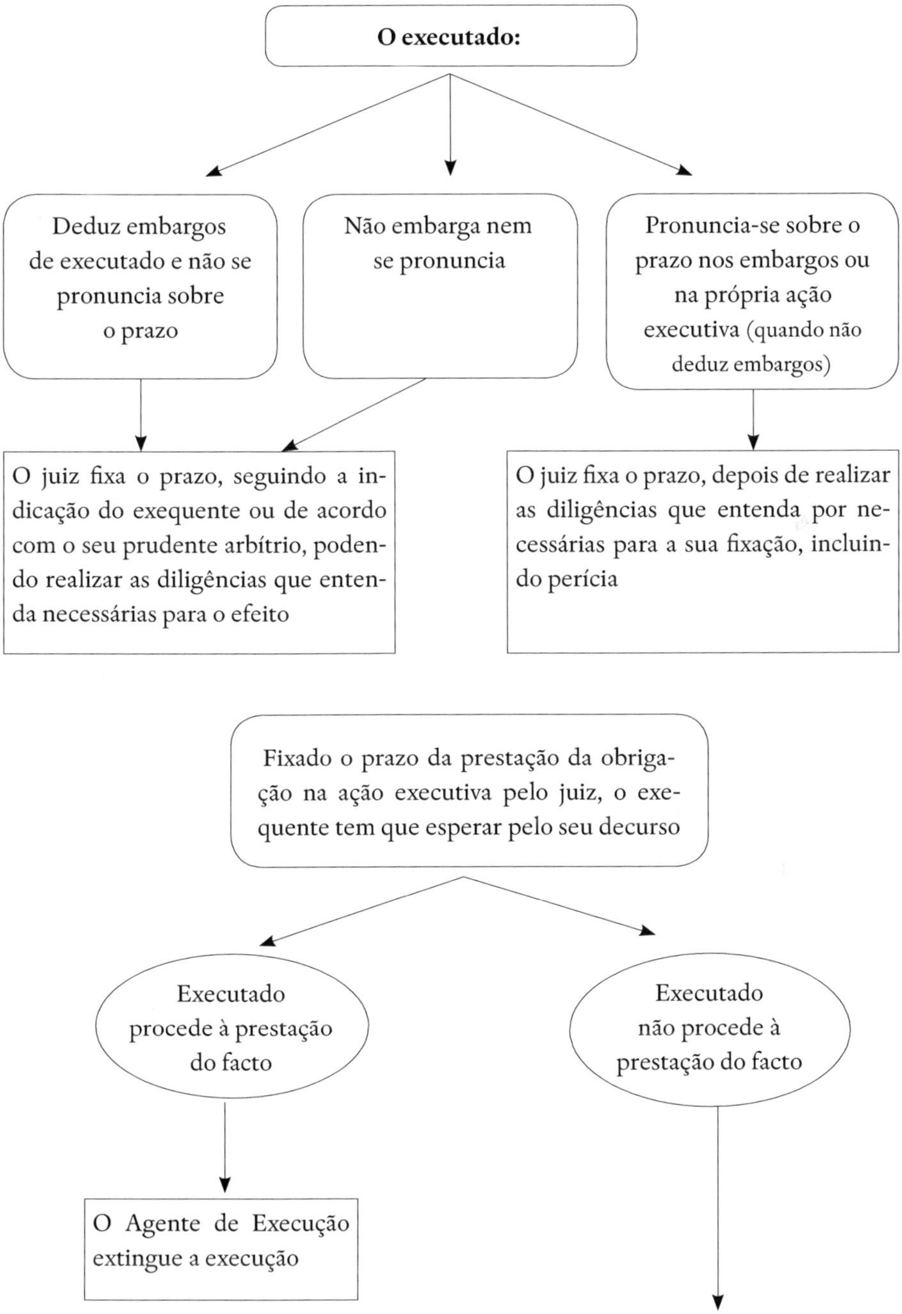
O executado:
Deduz embargos de executado e não se pronuncia sobre o prazo
Não embarga nem se pronuncia
Pronuncia-se sobre o prazo nos embargos ou na própria ação executiva (quando não deduz embargos)
O juiz fixa o prazo, seguindo a indicação do exequente ou de acordo com o seu prudente arbítrio, podendo realizar as diligências que entenda necessárias para o efeito
O juiz fixa o prazo, depois de realizar as diligências que entenda por necessárias para a sua fixação, incluindo perícia
Fixado o prazo da prestação da obrigação na ação executiva pelo juiz, o exequente tem que esperar pelo seu decurso
Executado procede à prestação do facto
Executado não procede à prestação do facto
O Agente de Execução extingue a execução

Exequente deduz **incidente de liquidação** do valor da indemnização compensatória – art. 358, 360, 716 e 867 CPC

Indica os danos sofridos e o seu valor

Pede o seu pagamento ao executado

Junta o comprovativo do pagamento da taxa de justiça

O executado é notificado para, em 20 dias:
- opor-se ao incidente de liquidação nos próprios autos, com a cominação de que, na sua falta, a obrigação se considera fixada nos termos requeridos pelo exequente

Executado deduz contestação

O executado não deduz contestação

O incidente segue os termos do processo declarativo até à prolação de sentença – art. 360 CPC

O juiz fixa o valor nos termos requeridos pelo exequente

Feita a liquidação, prossegue a execução para pagamento de quantia certa para obtenção do valor apurado em sede de liquidação – art. 867 CPC.

Esquema 5.6

Incidente de Prestação de Contas – art. 945 e ss CPC

↓

Corre por apenso à execução – art. 947 do CPC
e está sujeito ao pagamento prévio de taxa de justiça pelo exequente e pelo executado em sede de contestação

Deduzido pelo exequente depois de prestado o facto – art. 946/1 do CPC

Petição Inicial:
- exequente alega as despesas feitas com as obras e trabalhos realizados necessários para obter a prestação devida pelo executado;
- liquida a indemnização moratória, caso a tenha deduzido em sede de requerimento executivo – art. 871/2 do CPC

↓

O executado é notificado para contestar no prazo de 30 dias – art. 946/1 CPC

↙ ↘

Deduz contestação:
- impugna as verbas alegadas pelo exequente;
- invoca o excesso de prestação e/ou do custo indicado pelo exequente;
- exige que o exequente justifique as verbas;
- indica os meios de prova

Não deduz contestação
(Não se consideram confessadas as contas apresentadas pelo exequente)

↘ ↙

Instrução:
O Juiz ordena as diligências indispensáveis para decidir quanto à aprovação das contas: documentos, inquirição de testemunhas, perícia, entre outros meios de prova

↓

Sentença:
São julgadas as contas e o montante é pago pelo produto da execução do património do executado, prosseguindo a execução se este for insuficiente – art. 872/1 e 2 CPC

Esquema 5.7

Execução Para Prestação de Facto Negativo

Requerimento Executivo
Exequente pode pedir:

A verificação da violação por meio de perícia **ou por testemunhas se a violação não se traduzir em obra - art. 876/1 CPC**

+

A demolição da obra ou atos de assistência judicial – art. 876/1/a) CPC – obrigação de "pati"

+

Indemnização compensatória (dano sofrido com a não realização da prestação) - art. 876/1/b CPC

+

Sanção pecuniária compulsória (obrigações infungíveis) – art. 876/1/c) CPC

Despacho liminar do juiz:

- Indeferimento liminar
- aperfeiçoamento
- Citação do executado para em 20 dias deduzir oposição por embargos e ordena a perícia prevista no artigo 876/1 CPC

O executado:

- Deduz embargos de executado, sem efeito suspensivo ou com efeito suspensivo e julgados improcedentes
- Não deduz embargos de executado

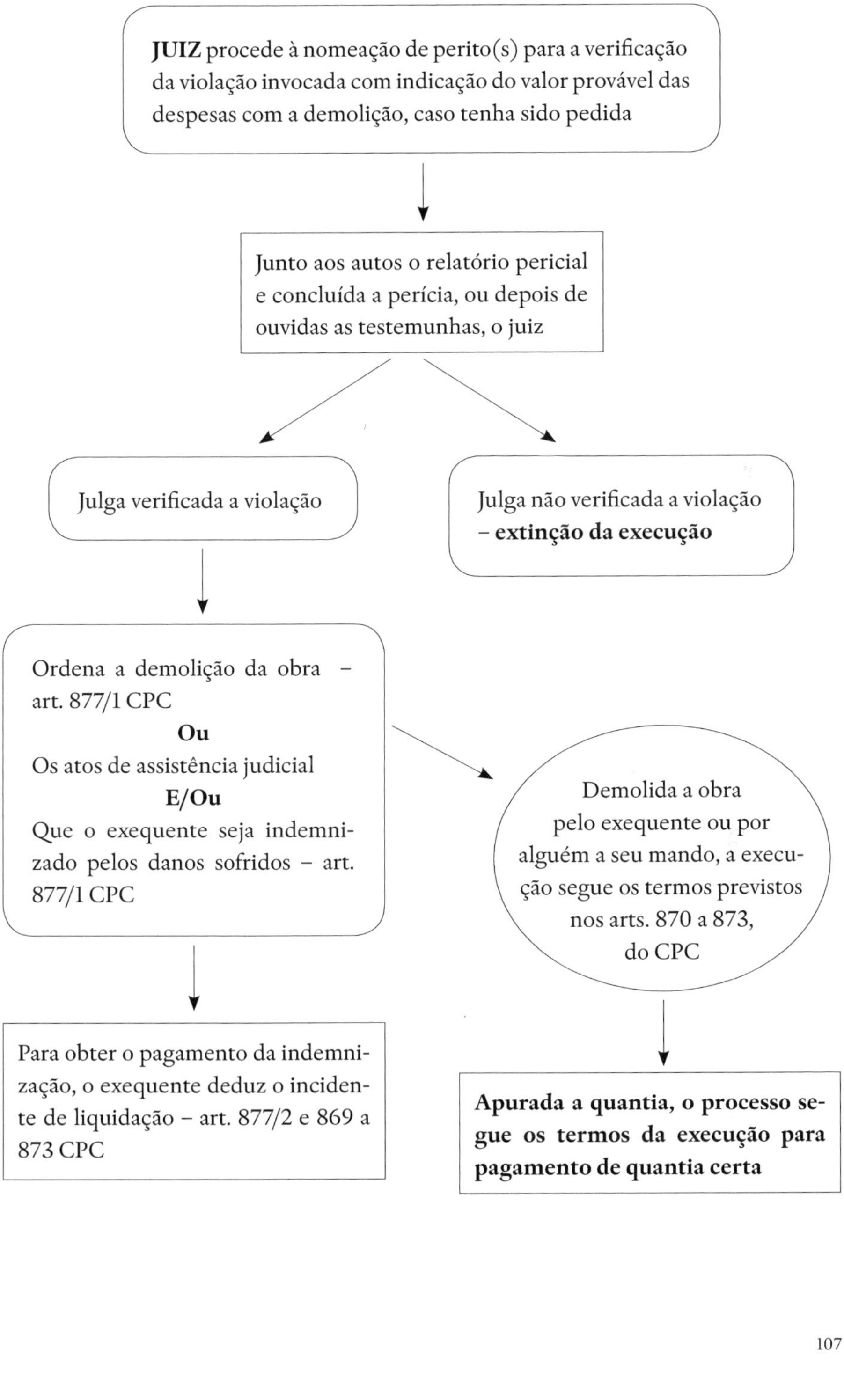
JUIZ procede à nomeação de perito(s) para a verificação da violação invocada com indicação do valor provável das despesas com a demolição, caso tenha sido pedida
Junto aos autos o relatório pericial e concluída a perícia, ou depois de ouvidas as testemunhas, o juiz
Julga verificada a violação
Julga não verificada a violação – **extinção da execução**
Ordena a demolição da obra – art. 877/1 CPC **Ou** Os atos de assistência judicial **E/Ou** Que o exequente seja indemnizado pelos danos sofridos – art. 877/1 CPC
Demolida a obra pelo exequente ou por alguém a seu mando, a execução segue os termos previstos nos arts. 870 a 873, do CPC
Para obter o pagamento da indemnização, o exequente deduz o incidente de liquidação – art. 877/2 e 869 a 873 CPC
Apurada a quantia, o processo segue os termos da execução para pagamento de quantia certa

Esquema 5.8

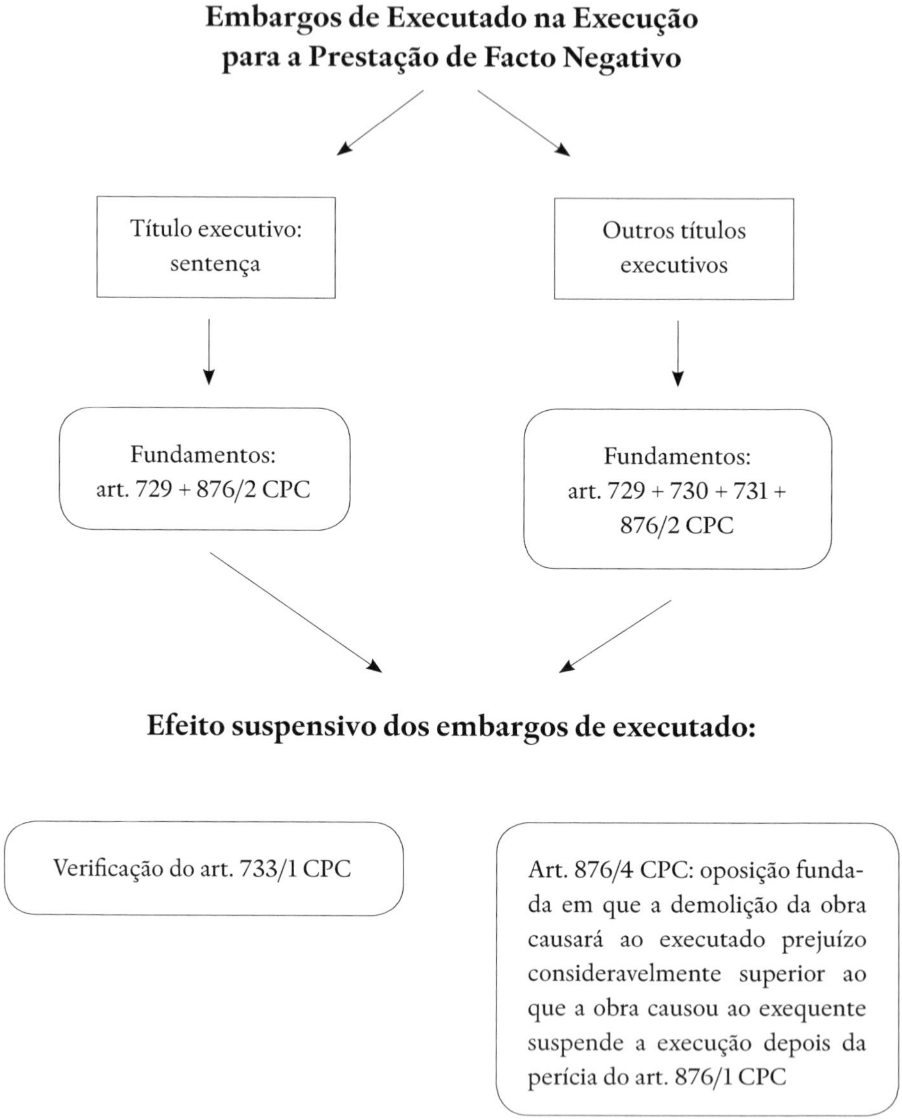
Embargos de Executado na Execução para a Prestação de Facto Negativo
Título executivo: sentença
Outros títulos executivos
Fundamentos: art. 729 + 876/2 CPC
Fundamentos: art. 729 + 730 + 731 + 876/2 CPC
Efeito suspensivo dos embargos de executado:
Verificação do art. 733/1 CPC
Art. 876/4 CPC: oposição fundada em que a demolição da obra causará ao executado prejuízo consideravelmente superior ao que a obra causou ao exequente suspende a execução depois da perícia do art. 876/1 CPC

BIBLIOGRAFIA

CASTRO, Artur Anselmo de, "*A Ação Executiva Singular, Comum e Especial*", 3ª edição Coimbra Editora Limitada, 1977.

FREITAS, José Lebre de, "*A Ação Executiva à Luz do Código Revisto de 2013*", 7ª edição, Gestlegal, 2017.

FREITAS, José Lebre de, ALEXANDRE, Isabel, "*Código de Processo Civil Anotado*", Volume 2.º, artigos 362.º a 626.º, 3ª edição, Almedina.

FREITAS, José Lebre de/MENDES, Armindo Ribeiro, "*Código de Processo Civil Anotado*", Volume 3.º Artigos 676.º a 943.º, Coimbra Editora.

GONÇALVES, Marco Carvalho, "*Lições de Processo Executivo*", Almedina, 2016.

GOMES, Manuel Tomé Soares, "*Da Execução Para Prestação de Facto Linhas Esquemáticas*", Centro de Estudos Judiciários, dezembro de 1994.

LOPES-CARDOSO, Eurico, "*Manual da Ação Executiva*", 3.ª edição, 2.ª Reimpressão, Livraria Almedina, Coimbra 1996.

MARQUES, J. P. Remédio, "*Curso de Processo Executivo Comum à Face do Código Revisto*", Almedina, Coimbra 2000.

MENDES, João de Castro, "*Direito Processual Civil III*", Associação Académica da Faculdade de Direito de Lisboa, 1989.

PINTO, Rui, "*Manual da Execução e do Despejo*", Coimbra Editora, Coimbra, 2014.

REIS, José Alberto dos, "*Processo de Execução*", vol. II, reimpressão, Coimbra Editora, 1982.

RIBEIRO, Virgínio da/REBELO, Sérgio, "*A Ação Executiva Anotada e Comentada*", Almedina, 2015.

SILVA, João Calvão da, "*Cumprimento e Sanção Pecuniária Compulsória*", Almedina, 4.ª edição, 2002.

SOUSA, Miguel Teixeira de, "*A Ação Executiva Singular*", Lex, Lisboa, 1998.

VARELA, João de Matos Antunes, "*Direito das Obrigações*", 5.ª ed., Volume II, 1992.

VARELA, João de Matos Antunes/Lima, Pires de, "*Código Civil Anotado*", 2.º Volume, Coimbra Editora, 4.ª edição, 1997.

ÍNDICE

NOTA LIMINAR DO SR. JUIZ CONSELHEIRO PIRES DA ROSA 5
PREFÁCIO DA JUÍZA DESEMBARGADORA ISABEL MATOS NAMORA 7

CAPÍTULO I – INTRODUÇÃO 11
1.1. Da Execução Para Prestação de Facto 11
1.2. Espécies de Títulos Executivos 12
1.3. Forma do Processo e Tramitação Geral 12
1.4. O caso específico da sentença condenatória 13

CAPÍTULO II – DA EXECUÇÃO PARA PRESTAÇÃO DE FACTO POSITIVO 17
2.1. Introdução 17
2.2. Prestação de Facto Positivo Fungível e Infungível 18
2.3. Querela doutrinária 19
2.4. Posição Adotada 22
2.5. Indemnização Moratória 23
2.6. A indemnização compensatória 24
2.7. Facto Positivo Infungível 25
2.8. Sanção Pecuniária Compulsória 25
2.9. Fases da Execução da Prestação de Facto Positivo 27
2.10. Cumprimento da Prestação de Facto pelo Executado 28
2.11. Embargos de Executado 30
2.12. Suspensão da execução após recebimento dos Embargos 30
2.13. Jurisprudência Selecionada 31
2.14. Opção pela Conversão da Execução 39

2.15. Momento Processual para a dedução do incidente de liquidação da indemnização compensatória 40
2.16 Liquidação da Indemnização Compensatória 40
2.17. Jurisprudência Selecionada 41
2.18. Avaliação do Custo da Prestação 43
2.19. Execução para Pagamento de quantia certa 43
2.20. Assegurar, mediante penhora, o Valor da Prestação Por Outrem 44
2.21. Jurisprudência Selecionada 45
2.22. Exequente realiza ou manda realizar o facto antes de concluída a avaliação 49
2.23. Vicissitudes da fase extrajudicial da execução para prestação de facto 50
2.24. Terceiro ofendido com a execução extrajudicial do facto 50
2.25. Prestação de contas 52
2.25.1. Tramitação do Incidente de Prestação de Contas 52
2.26. Jurisprudência Selecionada 53
2.27. Pagamento ao Exequente 55
2.28. O valor apurado é insuficiente para cobrir o montante do custo real da prestação 56
2.29. Jurisprudência Selecionada 56
2.30. Possibilidade do exequente desistir da execução 57
2.31. Discussão doutrinária 58
2.32. Efeitos da desistência da execução para prestação de facto formulada pelo exequente 59
2.33. Jurisprudência Selecionada 61
2.34. Incidente inicial para Fixação Judicial do prazo para cumprimento da Prestação de Facto 61
2.34.1. Tramitação do Incidente para Fixação Judicial do Prazo 62
2.34.2. Dedução de Embargos 62
2.35. Jurisprudência Selecionada 63
2.36. Fixação Judicial do Prazo para Cumprir a Prestação do Facto 64
2.37. Fase Subsequente quando o executado não cumpre a Prestação 65
2.38. Jurisprudência Selecionada 66

CAPÍTULO III – DA EXECUÇÃO PARA PRESTAÇÃO DE FACTO NEGATIVO 69
3.1. Prestação de Facto Negativo 70
3.1.1. Tramitação geral 70
3.1.2. Admissibilidade do(s) Pedido(s) Executivo(s) 71
3.2. Exceção impeditiva da reparação "in natura" 72
3.3. Despacho Liminar Obrigatório 72
3.4. Fase dos Embargos 73
3.5. Violação (ou não) da Prestação de "non facere" 74
3.6. Despacho Liminar e posterior verificação da Violação da Obrigação "de pati" 74
3.7. Divergências Relevantes 75
3.8. Jurisprudência Selecionada 77
3.9. Fase Executiva da Prestação do Facto Negativo 80
3.10. Demolição da Obra 80
3.11. Indemnização compensatória ao Exequente 80
3.12. Jurisprudência Selecionada 81

CAPÍTULO IV – SISTEMATIZAÇÃO DAS CAUSAS DE EXTINÇÃO DA EXECUÇÃO PARA PRESTAÇÃO DE FACTO 83
4.1. Causas Gerais de Extinção da Ação Executiva 83
4.2. Causas Específicas de Extinção da Ação Executiva Para Prestação de Facto 84
4.3. Extinção na Execução para Prestação de Facto Negativo 86

CAPÍTULO V – ESQUEMATIZAÇÃO DA EXECUÇÃO PARA PRESTAÇÃO DE FACTO E SEUS INCIDENTES 89

BIBLIOGRAFIA 109
ÍNDICE 111